# 谁在团队搞破坏？

## “效率破坏者”的侦辨指南

〔美〕罗伯特·M. 加尔福德
鲍勃·弗里希
加里·格林／著
徐娅子／译

外语教学与研究出版社
北京

京权图字：01-2021-1229



**图书在版编目（CIP）数据**

谁在团队搞破坏："效率破坏者"的侦辨指南 /（美）罗伯特·M. 加尔福德（Robert M. Galford），（美）鲍勃·弗里希（Bob Frisch），（美）加里·格林（Cary Greene）著；徐娅子译. -- 北京：外语教学与研究出版社，2020.11

书名原文：Simple Sabotage

ISBN 978-7-5213-2171-5

Ⅰ. ①谁… Ⅱ. ①罗… ②鲍… ③加… ④徐… Ⅲ. ①企业管理－组织管理学 Ⅳ. ①F272.9

中国版本图书馆 CIP 数据核字（2020）第 249070 号

出 版 人　徐建忠
项目策划　张　颖
项目编辑　何碧云
责任编辑　徐晓雨
责任校对　黄雅思
装帧设计　李思安
出版发行　外语教学与研究出版社
社　　址　北京市西三环北路 19 号（100089）
网　　址　http://www.fltrp.com
印　　刷　紫恒印装有限公司
开　　本　787×1092　1/32
印　　张　6
版　　次　2021 年 4 月第 1 版　2021 年 4 月第 1 次印刷
书　　号　ISBN 978-7-5213-2171-5
定　　价　48.00 元

购书咨询：（010）88819926　电子邮箱：club@fltrp.com
外研书店：https://waiyants.tmall.com
凡印刷、装订质量问题，请联系我社印制部
联系电话：（010）61207896　电子邮箱：zhijian@fltrp.com
凡侵权、盗版书籍线索，请联系我社法律事务部
举报电话：（010）88817519　电子邮箱：banquan@fltrp.com
物料号：321710001

# 目录

# 引言

★★★

“无心的破坏可能正在摧毁你的组织”

# 3

1944年1月，第二次世界大战激战正酣，美国中央情报局的前身——美国战略情报局，编纂了一份高度机密的文件。那时，战略情报局人员在号称“野蛮的比尔”的威廉·约瑟夫·多诺万将军的带领下，为欧洲各国的抵抗运动组织培训从事破坏活动的新成员。训练技巧和原则被总结成了一个小册子，叫作《简单破坏战地手册》（以下简称《手册》）。该手册被译成多种语言，在盟国的盟友间悄悄流传。《手册》详细说明了如何在不被敌军发现的情况下，用简单的方法在敌军内部破坏敌军组织，打压敌军士气。作者的意图十分明确：划破轮胎，放空油箱，煽风点火，搅乱人心，装疯卖傻，破坏电路，耗损敌人的机器设备，浪费他们的人力、物力和时间。大范围的简单破坏能持续有效地拖住敌方的战斗。

这些难以被察觉的个体破坏性行为积累起来能减弱轴心国力量，阻碍他们达成目标。当飞机、坦克和战舰在前线从正面打击敌人时，美国战略情报局和其他抵抗力量运用该手册中的技巧，从敌人内部发起进攻。

这本手册篇幅不长，大部分内容是在介绍如何具体实施破坏性行为，例如，往油箱里灌沙子，把油布堆在一起之类。《手册》介绍道："锯条不用的时候就弯过来放"，这样一来，总有一天它会在用的时候断掉。《手册》还建议用身边的材料来堵塞输油管道。《手册》写道："一团头发、几根毛线、一些死虫子或者其他常见的物件都能有效地在供油管和过滤器里造成堵塞，阻碍油的流通。"《手册》还建议："在电路开关接口处和附近撒上粗盐或者普通食盐。这样一来，在下雨的时候开关就会短路。"

冷却装置、输油管道、铁路道岔、马达、齿轮、电话、厕所、轮胎——《手册》囊括了各种制造麻烦的办法，并且教人如何不引起注意。

《手册》还有一部分精彩内容详尽阐述了如何扰乱敌人组织。具体来说，即扰乱决策制定流程，以及降低会议和办事程序的效率。

这部分介绍的战术十分微妙，并且杀伤力惊人。它们就像病毒一样附着在看似无害的日常行动中，慢慢积累扩散。和病毒一样，它们可以使敌方的组织架构疲软无力，而且不易被察觉，难以缓解或逆转，并且几乎无法预防。

《简单破坏战地手册》中该部分完整内容如下：

1. 坚持一切行动遵照“流程”执行，绝不可简化步骤，加速进程。

2. 学会“演讲”。尽量长篇大论，尽量用冗长的故事或个人经历阐述你的“观点”，时不时适度地加上些“爱国”言论。

3. 尽可能将所有事项提交给委员会“以供进一步学习和参考”。委员会人数越多越好——不要少于五人。

4. 尽量频繁地提起不相关事项。

5. 针对文本、会议记录和决案的准确用词争论不休。

6. 将话题带回之前会议中已做出决定的事情，尝试重新讨论该决定的合理性。

7. 提倡“谨慎的态度”。做到“理智行事”，并要求会议中的同僚们也“理智行事”，不要冲动，以免在未来的工作中引起难堪或者造成困难。

8. 质疑每个决定的合理性。考量拟定的行动是否属于小组的职责范围内，以及它是否违背了更高级别的政策。☆

☆
《简单破坏战地手册》第 28 页，1944 年 1 月 17 日由美国战略情报局发行，在战略情报局局长威廉·约瑟夫·多诺万的指导下成书。

听起来无害，不是吗？而且这些战术不也正是工作团队健康运转的必要行为吗？比如说，“流程”十分重要。它是重要的沟通手段，可以确保想法能得到彻底的审查。而且一旦做出决策，“流程”还能提供执行决策所需的资源和技术。“谨慎的态度”也很重要。如果人们把谨慎的态度抛在一边，只通过“预备——射击——过后再瞄准”的方法解决问题，组织会变得混乱不堪。

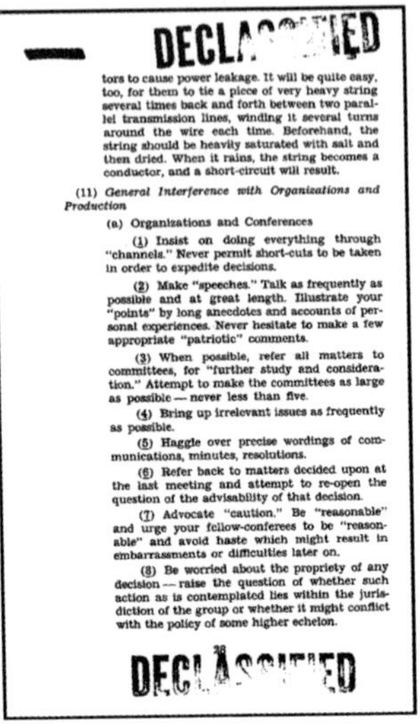

[redacted] DECLASSIFIED

tors to cause power leakage. It will be quite easy, too, for them to tie a piece of very heavy string several times back and forth between two parallel transmission lines, winding it several turns around the wire each time. Beforehand, the string should be heavily saturated with salt and then dried. When it rains, the string becomes a conductor, and a short-circuit will result.

(11) *General Interference with Organizations and Production*

(a) Organizations and Conferences

(1) Insist on doing everything through "channels." Never permit short-cuts to be taken in order to expedite decisions.

(2) Make "speeches." Talk as frequently as possible and at great length. Illustrate your "points" by long anecdotes and accounts of personal experiences. Never hesitate to make a few appropriate "patriotic" comments.

(3) When possible, refer all matters to committees, for "further study and consideration." Attempt to make the committees as large as possible — never less than five.

(4) Bring up irrelevant issues as frequently as possible.

(5) Haggle over precise wordings of communications, minutes, resolutions.

(6) Refer back to matters decided upon at the last meeting and attempt to re-open the question of the advisability of that decision.

(7) Advocate "caution." Be "reasonable" and urge your fellow-conferees to be "reasonable" and avoid haste which might result in embarrassments or difficulties later on.

(8) Be worried about the propriety of any decision — raise the question of whether such action as is contemplated lies within the jurisdiction of the group or whether it might conflict with the policy of some higher echelon.

38

DECLASSIFIED

★1944年出版的《简单破坏战地手册》中干扰组织和生产的八大战术。

要知道，美国战略情报局就想要这样的效果。情报局的长官们不希望任何一名抵抗组织成员暴露和牺牲。所以，他们所传授的破坏战术都能提供足够合理的推诿借口。从某种意义上来说，这些战术都是对组织有益的行为，因而能够暗中进行破坏，不被察觉。

在1944年，这些战术杀伤力巨大。时至今日，它们依旧威力惊人。尽管该手册早已解密，但其中所蕴含的破坏性行为和七十多年前一样，其腐蚀性很难被觉察。另外，无论组织团体的大小和形式如何，从跨国集团到非营利性组织，从学校到工会或小型企业，这些战术在世界每个角落里日复一日地上演。毫无疑问，你的组织或团体中也有这样的行为。

这并不意味着你身边就一定潜伏着敌人。有专门的抵抗组织阻挠你成事的可能性并不大，但是很有可能有某些人在不经意间学到了这本手册上的一两条战术。如不加以控制，他们的行动至少会影响到你的团队或组织，降低工作效率，破坏你的工作成果。最糟的是，他们会对某一环节发难，导致整体瘫痪。

我们向数百位朋友、同事和客户展示了战略情报局所列的战术。几乎每次他们都会笑着回答："列出的问题和我的 ____（部门、公司、志愿者小组、书友会——随便选一个）遇到的一模一样；这些我们都听说过。"

这就是这本书的出发点。数十年来，我们与很多个人及团体都有过合作。他们的组织有大有小，有公有私，他们的工作中都存在着上述这些有腐蚀力的战术手段。我们十分清楚其危害，所以我们与不同国家、不同行业的客户一起，试着寻找识别、应对及预防这类问题的办法。

战略情报局提出了破坏组织的八大战术，本书的每一章都针对了其中一条战术。在提出八大战术的相应对策时我们也意识到，在过去的几十年间，新的组织形式催生了新的手段，产生了新的方法让组织工作停摆。因此，我们补充了一个章节，阐述了一条最有效的（也是最具破坏力的）新破坏战术，这类战术在《手册》中没有提及，但在生活中却越来越常见。

包括《手册》中的战术和本书提出的新战术在内，你可能觉得大部分破坏手段都十分眼熟，你甚至可能觉得有些手段很好笑，认为它们不过是某些人奇怪的、讨人厌的行为。你可能觉得纠正这些行为很容易：“我直接向同事、下属，甚至上司指出他们的问题，他们就能改正这些行为，问题很容易解决。”

但是根除这些负面行为却并不那么容易，因为它们常常在组织生活或者群体行为中看似积极正面——实行规章制度，正确执行每个流程，让同僚们参与决策制定，并且确保决策的制定不出差错。久而久之，这些破坏性行为将成为工作文化的一部分。且不谈解决它们，单是发觉问题都会很难。实际上，任何工作团体想要根除或者预防破坏性行为都需要一系列步骤：

· 识别：在破坏性行为出现时有所觉察，并帮助大家认识到，积极的行为在走向极端后会产生反作用，甚至具有破坏力。

· 校准：落实标准，明确正确行为的边界，这样可以鼓励对生产有利的行为，预防破坏性行为。

· 纠正：以建设性的方式给予组织中每个人话语权，同时教给他们指出破坏性行为的技巧。

· 预防：改变方法、标准和程序来防止破坏性行为的反复发生（或从一开始就杜绝破坏），并且培养出杜绝破坏性行为的工作文化。

在现实中，这些步骤有时候是要按顺序进行的（如上所列顺序），但更多时候需要同时进行（如后文中所介绍的）。这要取决于破坏的类型、造成破坏的人是谁（以及这个人有多大的权限管理整个团队）、发生破坏的原因以及团队类型。

作为研究战略数十年的策划师，我们三人阅读了大量的书籍，有的书夸耀说读完会有巨大突破，有的书提供了很激进的方式来看待组织或团队的运营。本书则不是那样。这本书中讲的是日常互动和我们熟悉的工作流程中某些非故意的破坏性行为。那些数量庞大、小到难以察觉的问题，即机器中的小“沙粒”，它们会影响你的工作环境，影响团队合作的体验，影响身边人的感受。解决它们则可以提高你的效率，刺激你的创造力，改善你与同事之间的关系。不论你是正身处破坏之中，还是你管理的团队、部门或者公司中有破坏的萌芽；不论你是团队里的一线员工，还是企业高层管理人才，我们都能帮你解决你所在团队的问题，尽可能地提高它的效率。

# I

# 顺从破坏

★★★

“坚持一切行动遵照流程执行”

# 13

迈克尔知道，这个交易泡汤了，公司将会失去一个长期客户，可他无能为力。

事情是这样的，下午晚些时候，客户代表萨曼莎突然打来电话告诉他说，跟他们竞争的那家软件公司提供了全套的打包服务，包括软件、培训以及后期支持，价格还低于他们提出的价格，而且竞争者能提供更长时间的培训服务。迈克尔的公司已经给出了最好的报价，但是萨曼莎想问他们还有没有可能给出一个更有竞争力的价格。她需要迈克尔立刻回答，她当晚就要做出招标决定。

“不行，我不能这么做。”迈克尔想着，心里像打翻了五味瓶。在公司最近召开的销售会议上，销售副经理，也就是迈克尔的老板特别强调，所有修改报价的决定都需要得到他或者决策部门领导的许可，因为“不能总是给市场送大礼”。

要是让迈克尔自己做决定的话，他肯定会修改报价，跟对手竞争一番。他非常了解萨曼莎的公司，他确定在未来几个月内能够通过提供附加服务补回差价。但是他没有权力修改报价，而他的老板及决策部门的领导在去往欧洲的路上，他也无法得到他们的许可。

迈克尔不想让公司业绩下滑。他工作很努力，也热爱自己的工作，他只是遵守规定。而公司之所以制定这个规定，是因为有的业务员随意对外报价，有销售额却无利润，危害了公司发展。坚持按规则办事，严格遵守规定的流程，在任何情况下超出职责范围的事情都必须得到老板的许可，从这一点来说，迈克尔做了一件“正确”的事情。

但是这种听话的做法将会让公司损失一份重要的合同。迈克尔知道，不做出那些小让步，这笔交易肯定要泡汤。他也知道，损失这笔交易，肯定是错误之举。

要知道，普通破坏者一般不会成为模范员工或是模范同事，他们习惯绕过规则，或者说习惯走捷径。不过迈克尔是另一类破坏者，我们管他们称作“顺从破坏者”。他从不做不符合公司规定的任何事。他遵守规定，不违反规定，最后导致公司失去一位重要的客户。

顺从——别人怎么说你就怎么做，超出自己职权的事一概不过问——往往是一种值得表扬的做法。这种做法非常靠谱，你可以自信地工作，因为你知道这样做不会犯错。另外，因为你的“照本宣科”，做决策往往可以简化成“照葫芦画瓢”。如果每个人都这么做，一个组织在大部分情况下就会运作得非常顺利。但是这种顺从将会很快变成一种破坏：无论出于何种原因，总有那么一些时候规章流程会起到反作用，这时，顺从就会阻碍个人判断。这正好发生在迈克尔身上。这也可能正在你的组织中上演。

### · 顺从何时变成破坏？

想要知道在你的组织或团队中何时会发生这种破坏，首先要审视一下你为了规范员工行为所制定的那些规定，不管是正式的规定还是平时的暗示，想一想你是否清楚为什么要有这些规定。要想清楚你要完成的是什么类型的工作，为你工作的是什么类型的人，每个人职责的本质是什么，以及在你想要达成的宏观目标中他们个人的判断能起到什么作用。

举个例子，连锁零售公司的领导可能得考虑售后部门的工作是帮助顾客快速而方便地退货，尽量减少顾客投诉，还是确保只有在理由充分、收据齐全的情况下才退货呢？显然，这两者之间有一个平衡，但是哪一边更重要一点呢？平衡点是刚好在两者中间吗？还是说让客户满意比防止潜在的损失更重要呢？

试想，如果每个人都有自行做出决定的权限，那么什么时候这种权限会让你陷入困境？医疗行业必须要完全按照严格的流程和规则执行，但我们不确定能否放心地让食品安全检查员自行决定采用何种标准来判断一批食材是否合格。

另一方面，我们还要思考，为了保持创造性、创新能力、敏捷的反应和高效率，需要何种程度的权限呢？假设有应聘部长一职的人想在应聘前了解一下工作背景，在他联系招聘委员会的时候，委员会主席恰好外出休假，那么其他人能否擅自回答他的问题，让这位候选人保持对这个职位的兴趣？

总的来说，在你的团队中，照章办事的情况是否存在？为什么会有这样的情况？是经过设计的有意为之，还是长期积累的各种决定和政策无意间导致的结果？这样的情形应该继续保持吗？应该由全体成员共同遵守吗？

知道这些问题的答案会让你对一个问题有更好的理解，即什么样的程序或行为准则才是必要的，也就是说，什么时候绝对要坚守规定，什么时候可以相对自由。在对这个问题有了认识以后，就能够了解谁会因为过于遵守规定而造成严重的破坏。

谢普利·布芬奇事务所是一家出色的建筑事务所。公司的高管常常会反思这些问题，努力通过改善公司流程来评估工作流水的执行情况。和其他专业同行一样，该事务所也会要求高管和项目经理定期提交报告，汇报近期工作量。但是在每次报告的时候，事务所都要求这些经理把将要负责的所有的项目都囊括在报告中。由于有一大批顺从破坏者毫无怨言地接受了这项工作，事务所会暂时地感到“幸福”。这些经理按照上级指示的去工作，尽管有些不确定的因素可能会影响报告中的项目的进程，但他们还是将每一个项目都包括在报告中。而更老练的员工则不会完全遵守这些规定，他们要么不报告那些有滞后风险的项目，要么就在计划中设计一份更宽裕的时间表。

让破坏者按照规定的流程来提交报告，会造成报告的不准确，也就增加了资源配置陷入无序的风险，并造成“撑时撑死，饿时饿死”的状况。因此谢普利·布芬奇事务所不得不考虑，是要不准确的报告，还是干脆就不要报告——或者他们是否还有第三种办法。

他们采用了第三种办法。项目经理们现在更频繁地同公司的账务官会面，以创造一个预见机制，财务官会鼓励项目经理们对自己的预测进行解释。辨别出顺从行为何时会导致无心的破坏是改正问题的第一步。

迈克尔·格雷泽是 Stage Stores ☆的 CEO，他的连锁零售商场在纽约证券交易所上市，市值 16 亿（美元），他也常常评估公司的制度。他在采访中告诉我们，他成为 CEO 之后做的第一件事就是弄明白为什么公司会设立某些规则，以便更有效地对这些规则进行评估。而之前的

☆
Stage Stores 是一家以销售服装、家居用品、化妆品为主的百货公司，主要市场是美国中西部及东南沿海的小城镇，总部位于休斯敦。

CEO几乎只关注利润，所以在采购方面制定了一系列规则，以保证最大的利润率。也许在某个时刻，这些规则确实挽救了公司的财务状况——格雷泽也不确定是不是如此。但他知道的是，在他进入管理层的时候，公司不允许采购员们进购一些最有吸引力并且需求量大的服装。

“那时我们连耐克都没有，”他说，“我们会花100万美元采购其他品牌的衣服，顾客来到我们的商场想买类似耐克这样的牌子，最后只能不开心地空手而归。是我们自己把顾客逼到竞争对手那里去的。的确，出售这些流行的品牌我们只能得到微薄的利润，但是如果一个客户离开时不仅买了他们最初来找的那双耐克鞋，另外还买了两件外套、一件夹克，那我们就能有一笔可观的利润。采购员们完全按照CEO的指示来进行采购，他们的顺从使公司的生意受损。他们也知道这一点，但他们无能为力。”

格雷泽也同样关注利润，不过一旦认识到现有的规定对公司的生意造成了负面影响，他就开始重新评估，并且进行改善。现在这些规定对公司的采购员可以起到指导作用，但也不会过于严苛以至于妨碍采购员做出会帮助公司获得更多利润的采购决定。

**· 钟形曲线测试**

也许你知道在你的团队中谁是“咯吱作响的车轮”，他们不太靠谱，可能常常令你伤神。但是这类人很容易被发现。想要揪出顺从破坏者（他们也许在遵守有问题的规则），你得注意那些从来不作声的员工。

例如，如果你允许自己酒店的夜间值班经理为晚到的顾客提供房间升级，这名经理就既可以给任意一个走进门的人升级，也可以完全不给任何人升级。你很容易就能注意到这个行为。想要知道他平时的表现如何，可以创建一个钟形曲线，钟形曲线的中间部分显示了你认为合理的升级房间的数量。在图形里的曲线的最右边，你的员工没有遵守你的指示——他提供了太多的客房升级，或者说给那些不够格的人提供了升级。

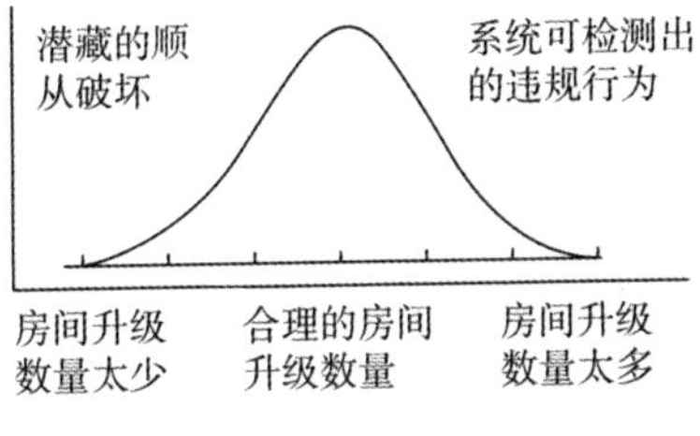


不过图形同样清楚地显示了处于另一个极端的人——这些经理很少或者几乎不会提供客房升级。这些人可能会产生更严重的威胁。他们不是“咯吱作响的车轮”，他们是隐形的威胁。他们的行为一定会慢慢地让你的公司变得刻板，继而拖垮整个公司。

并不是每一个组织都能有规律地收集数据，从而让钟形曲线测试变得更简单易行。但是如果有数据，特别是关于直接面向客户的活动的数据，那么就做一下这个测试吧。将隐藏在曲线一边的行为暴露出来，对于消除顺从破坏来说就是迈出了一大步。

**· 顺从破坏的改善及预防**

一旦发现了顺从破坏者的存在，可以采取多种补救方法。也许你可以重新制定他们工作的相关规则（就像谢普利·布芬奇事务所和 Stage Stores 所做的那样）。不过通常来说，解决的办法可能要简单得多（尽管听起来并没有那么简单）：重新考虑破坏者们的角色定位，清楚地告诉他们在工作中需要他们自己做出判断。

举个例子，假如你是一名管理者，你手下一名低级别的雇员有成为顺从破坏者的趋势，那么让这名员工负责一些偶尔需要个人判断的工作，然后通过指导确保他或她明白，即便结果并非尽如人意，一点点冒险的行为也是值得的。

如果是更高层的员工，那么解决办法就要更复杂一点。如果是个人的行动或行为，那么补救办法就和上面的例子一样。但是对于一名高层管理者而言，他可能会在自己的部门内，也许是整个团队内创造一种氛围，即不鼓励合理的破坏规矩的行为，而主张所有人“按部就班”。在这种情况下，可能要让整个团队都意识到无条件顺从的行为可能会对整个组织产生负面效果，所以得对他们进行一些训练。

想要预防你的组织或者工作团队中出现顺从破坏者，同时让顺从破坏成为人人都能自由探讨、轻松发现和及时解决的行为，你需要根据你的情况采取下面这四个步骤：

### 1. 重估绩效指标和奖励措施

你想要你的评价活动，即你评价的事物和你评价的方式，能强化工作流程并且取得理想的效果。如果在常识告诉他们不该遵守规定时，你还对员工遵守规定的行为进行奖励，那么你会在无意间使员工变成顺从破坏者。想要确保你的标尺不会导致破坏，请遵循以下几个步骤：

**对所记录的每一种工作的绩效指标进行分类。**例如，一个连锁酒店需要记录前台经理给出了多少免费的客房升级。

**思考每一个指标是否必要。**前台经理给出过多或过少的客房升级，这是否会对公司有所影响？会的。酒店老板认为给出太多的客房升级会降低普通客房的价值，同时也会让房客对他们支付的房费可以获得的服务有更多期待；而升级的房间太少又不能回馈他们的老顾客。

**确认每一个指标与利润之间的明确关系。**对于一家酒店而言，更多的客房升级意味着更高的清洁成本，更大的食物开销，且标准间的房客也会更难满意。

**明确顺从的雇员可以遵循何种规章制度。**顺从的前台经理应该偶尔为老顾客提供客房升级，但是必须意识到每次升级都是在提高公司的运营成本。

**问问你自己：如果有人试图把这种指标拉向极端，会发生什么？这样的行为会有正面效果还是会引向相反的结果？**在我们的例子中，顺从破坏者会提供非常少的客房升级，甚至根本就不提供客房升级。老顾客忠诚的消费行为本应该受到鼓励，但如果他们什么回馈都没有得到，就很可能会转向其他酒店。

**设置指标来揭露极端的行为。**在这个案例中，指标体系用于检测给出太多客房升级的情况，而不是太少。这样一来，顺从破坏者很可能不会被检测出来。酒店应该将相比于其他同行给出太少客房升级的前台经理也记录下来，而不是只记那些给出太多客房升级的经理。

正如我们之前的建议，有时你的指标要更重质量而不是数量。你可能会发现，回答上面每一个问题都更需要依靠观察和判断而不只是依靠数据。无论在哪一个案例中，通过评估，你都能构建起一张网，使破坏者们更容易被捕捉到。

同样，你可能需要注重奖励制度。有时，为了一时的目标而设置的制度会鼓励员工“按部就班”地工作，这对他们自己有利，但可能于公司无益。这些员工可能根本就没有想过他们的行为是否对公司造成了影响，他们关注的重点是在任务和奖励上。由于他们的顺从，也就是他们只是按照你的指示在工作，他们的破坏行为就很难被发现。

我们的一名客户曾试着招揽更多的零售商来出售他们的主打产品：一种漂白剂。于是他们制定了一项季节性的销售激励计划来鼓励销售员打开更多市场：销售员每发展一个注册会员，就会立刻得到一笔现金奖励；新注册的会员也有足够的甜头：每个账户可以在多达 90 天的时间内将未拆封的产品退回，账户会被注销，也不会受到惩罚。

激励计划开始两周后，公司的 CEO 开车经过一个加油站，注意到好几箱他们的漂白剂产品被堆在加油站后面，暴露在阳光下（漂白剂需要在阴凉处储存，当然，一般情况下顾客也不会到加油站买漂白剂）。最后他发现，原来是一名销售员找到自己的朋友，也就是加油站的老板，让他注册会员，几星期以后再将未拆封的产品退回。

这名销售员想要伤害公司，破坏自己生活的来源吗？不。但是他也不会考虑公司整体的健康发展。他不会像一名高管一样思考问题。他只跟着公司吊在他脑袋前面的萝卜走，将“记分牌上的分数”硬生生地套进公司制定的规则内。这位 CEO 制定奖励机制时比较盲目，而你也许能够提前预见到这种结果。

## 2. 谨防极端的“持续改进”

有一句老话叫“狗追汽车”，就算追上又有什么用呢？同样的，有些团体追求特定的超常产出或绩效仅仅是因为他们习惯了追求本身，并且不知道什么时候适可而止。

这个问题在那些有着“持续改进”文化的组织中会更为严重。持续改进是爱德华兹·戴明在 20 世纪中期提出的一个经营理念。这个理念就是把公司的发展看作是一个系统，系统中的每一个部件都持续地尝试在提高质量的基础上降低成本，这样系统的效率就会有所提高，而成功也将随之而来。但是如果走向极端，即使是“持续改进”也可能会导致“破坏”。

有一家公司的呼叫中心经理，要求他的团队将平均接线速度从 1.4 次铃响降低到 1.2 次铃响。经理问他的员工：“在只有 1.4 次铃响我们就接电话的情况下客户挂掉电话的概率如何？”他得到的答案是：几乎没有人挂电话，事实上几乎没有人在第三次铃响之前就挂掉电话。但是这名经理还是坚持尝试着让每年所有的电话都能够比前一年更快地被接通。为什么要这样呢？

因为让电话更快地被接通是他的工作，对他来说，更快就意味着更好。他从来没有想过自己是否忽略了在某些情况下过程比结果更重要，这使他变成了一名顺从破坏者。如果你问他为什么要持续改进接线时间，他会告诉你，更快的接线速度意味着更好的客户体验。的确是这样，但是这只适用于超过三次铃响的情况。只要电话是在三次以下铃响时就被接通，那么客户体验都是一样的。这时候更快的接线速度就意义不大。我们一次又一次地发现，这里的问题在于，没有人来告诉呼叫中心经理，他们还有很多其他的事情需要持续改进。

想要排除这种破坏，不妨退一步。回顾一下之前的某些持续改进的项目，如果这些持续改进的项目于整体无益，那么就结束它们吧。

如果这些改进项目依然有效，那么就找到那个合适的平衡点。如果你不知道什么时候停止改进（比如“两次铃响就够好了”），是时候做些新的分析了。

最后，要注意“改善疲劳”。组织就像人一样，会沉溺于自我改善。我们总是有一些朋友，在一段时间内，以超出我们理解范围的标准疯狂地节食或者健身。有一家酒店的老板要求员工在休息的时候要反复阅读员工手册，简直是杀人。不要让员工感到疲劳。

人们在感到疲劳的时候，就会什么也不想地按照规定去做。也许他们都意识不到一项规定正在对他们的工作能力造成影响。如果你感到疲劳，那么一定要说出来！考虑（或者要求）放一个“持续改善假”，让员工休息一星期，让他们放松，让他们能够与工作保持一定距离，仔细思考工作本身。在休息之后，他们可能会对那些能够帮助他们的规定和过于离谱的规定有一个更客观、更全面的看法。

### 3. 容忍错误，鼓励良好的判断

员工在自己判断的时候可能会犯错（注意，他们所做的决定在你看来不是一个好决定）。想要变得更好，必须要忍受这些错误。有句话总结得很好：“良好的判断来自经验，而经验来自错误的判断。”

新英格兰的一支消防队里，所有的员工都可以对外接受采访。之前只有领导才能接受采访，当他无法接受采访的时候，新闻媒体就会得到“无可奉告”的答复，这句话在新闻报道里看起来带有非常愚蠢的逃避的意味。另外，太多的“无可奉告”会使记者失望，尤其在一些有争议的话题上，例如对增长预算的话题来说可不是一件好事。新的领导知道员工所说的话可能不会一直和他要说的一样，他也明白其他人会犯错误。但是他意识到，在这个领域里，拥有自由对于员工的个人发展很重要。他同样知道，虽然在这样的一个环境中有许多重要的职业守则需要遵守，但员工的个人判断能力也十分重要，所以他能够容忍错误。

这个领导也会为员工们准备一些可能常常会被问到的问题。他给出了一些指导和明确的要求：回答要清晰明了，直奔主题，尊重隐私。

要在你自己的团队中鼓励这种对错误的容忍，不妨试一试“常犯错误练习”。这个练习大概是这样：让团队中的每一位成员都围坐在桌子前，讲一个他们曾真正犯错的小故事。没有处理好的错误可能很难说出口。换句话说，虽然会见客户的时候迟到了，但是到客户办公室的时候发现有个地方在冒烟，于是打开了烟雾警报器，而感激的客户为此追加三倍订单，这样的错误不是我们要听的。我们要听的错误的后果必须是让人痛苦的，而且当事人在最后得到了教训。

很多错误同这样的练习中提到的错误比起来就不那么糟糕了。在知道错误是相对的以后，员工可能更愿意坚持去做那些他们认为对公司有益的事情。

面对顺从破坏者最好的办法就是奖励那些判断力强的

人，哪怕被奖励的员工打破了规则。

联邦快递有一个小故事很有名，故事的主人公是已退休的机长伯纳德·布尔乔亚。就像詹姆斯·T. 才根法斯在《客户友好》一书里所写的那样，故事虽然发生在四十多年前，但直到现在依然为公司的员工们津津乐道。故事发生的时候联邦快递刚刚成立，布尔乔亚机长的飞机在克利夫兰机场的坡道上无法起飞，羽翼尚未丰满的公司无法支付燃料费，布尔乔亚的飞机也就无法加上 200 加仑的燃料飞回孟菲斯大本营。

才根法斯写道，布尔乔亚给指挥中心的人打电话，那人问他："你有没有信用卡？"布尔乔亚刚好有一张，于是他就用信用卡支付了这笔钱，保证公司能够维持正轨。回想起那一晚，布尔乔亚后来说："我不知道能否要回我的钱，但我想，随便吧！"

未经审批就购买燃料违反了公司章程，但是公司为他的决定给予了奖励。通过公开表彰这件事，以及其他相类似的事，联邦快递构建了一种开拓进取、勇于冒险的企业文化。

试着开展一个简单的内部表彰活动。在每一个部门放一个老式收信盒子，或者创建一个专门的电子邮箱，鼓励员工们把他们在工作中见到的机智地打破规则的例子或者冒险的例子写下来。私下查看这些来信，当然，要在每一次会议上把其中的一些例子读给大家听。有些员工关注的事情会让人意想不到，而管理者也会感到吃惊，并且会感激大家对他工作的支持和肯定。

4. 质疑并检验已建立的流程的逻辑

如果你的团队或企业做事的出发点是“我们一直都是这样做的”，那么也许你该对做事情的流程进行一番梳理了。你和你的同事一直遵从的流程可能对公司造成了伤害。

考虑一下，很多年以前，很多健康保险公司坚持要求病人在看专家号之前需要先拿到初级医生开的转诊单。但是，你知道一家大的健康保险公司查验这些转诊单的概率如何？不到百分之一。而从病人要求开转诊单到初级医师给出转诊单之间往往需要数小时。随后，联合健康保险公司决定终止这个流程。他们向病人公开了专家的网络信息，病人也不必先拿到转诊单才能看专家号。如果病人想要看皮肤科专家号，直接去看就好了。

之前一部分用于管理转诊单的人力资源得以重新分配，用于追查某些过分使用专家号的受保人。想要进入专家网络的病人也有了规章可循。由于在此之前的绝大部分案例中，绝大多数病人的转诊单从来没有被验证过，所以，这个更加直接的新流程就变得非常受欢迎。最终，联合健康保险公司增加了用户的满意度，并且显著地削减了成本。

有一个合适的方法可以用于调整工作流程。让有经验的员工去参与一下本部门的入职培训，看看他们在培训中告诉新员工要做的事是否正确且有正当的理由。

如果你正管理着一个比较大的团队，你也可以考虑偶尔做一些简单的匿名调查。员工们总是会私下里抱怨他们工作中的某些部分是完全没有意义的，但是如果你直接问他们的话，他们不会坦率地回答你。偶尔找时间让他们匿名吐露一下想法，但是一定不要完全遵照典型的员工调查脚本。

很多员工调查都聚焦于“工作风气”，问题多集中在员工们是否从领导那里得到及时的反馈，他们是否考虑要换工作以及为什么要换工作。不是这些问题不好，而是通过这些问题你无法得知你的公司内是否存在顺从破坏者。不如问一些关于公司本身的一针见血的问题。例如：

· 公司最愚蠢的规定或流程是什么？

· 在工作中你面临的三个最大的阻碍是什么？

· 就你个人而言，如果你能够重新设计或改变某项流程或工作步骤，你会改变哪个？为什么？

比方说第一个问题，可能最后会发现所谓的“愚蠢”是因为没有能够向员工讲明白规定背后的逻辑。也许这不是一个愚蠢的规定，但是员工不明白为什么要有这样一条规定。如果是这样的情况，那么你就该向大家做出解释。

反过来，也许所谓的“愚蠢的规定”真的很愚蠢，也许这些规定在五年前或十年前制定的时候有其意义，但是现在完全没有意义了。如果是这样的情况，很可能你的团队中有一些顺从破坏者在浪费时间和金钱在强化这些规定。既然如此，这些规定就应该从能真正创造价值的工作中消失。

一位采购经理对于采购预算感到忧心忡忡。因为他必须要严格遵守的规定是这样的：对于任何报价超过 4 美元每单位的零件，都不可以向老板提出建议。问题是，他不得不拒绝很多潜在的优质供应商——这些供应商提出的价格可能是 4.05 或 4.02 美元每单位，但他们或许能凭借极好的附加条件与该公司达成大笔生意。对规定的遵守使他失去了理智的商业判断——直到有一次他的老板偶然会见了一个被拒绝的供应商为止。

很多大公司，甚至很多小团队以及委员会，都无法像小快艇一样快速地做出调整，它们更像是庞大的玛丽女王号。而且时间一久，驾驶室和船舵之间的连接部分就会钙化，附着的甲壳动物越来越多，船长就更难以让船转向。当这样的情况发生时，人们就不得不拿着一把大锤来清理腐蚀的部位。你的经理或团队的领导，所有这些人，都不得不问："哪一部分工作需要按照章程？为了员工和顾客的安全我们必须做些什么？同样，有哪些部分我们可以忽略？有哪些部分完全没有用？"他们必须能够说出："你能够将三年后的利润预测到小数点后三位，这很好，但是我不关心。类似这些事情并不能产生真的价值，只是锦上添花，是用流程替换内容。现在开始不要这样做了。请关注一下你做出的决定，不要只关注这些规定要求你做什么。"

**· 小刺激，大影响**

顺从破坏者似乎常常藏身于有着根深蒂固官僚文化的团体或大组织中，但是，就算你是在一个小团体，或者是在一个观念开放的公司内，你也无法对顺从破坏者完全免疫。随着公司的成长，或者只要你又一次着手某项工作并试着避免先前犯下的错误，你的团队就面临危险了。"去年我们整个团队都是一团乱麻，来制定一项规章吧，只让一个人负责采购"，当听到诸如此类的言论时一定要小心，这是顺从破坏的铁证。

无论是在大公司里还是小团体中，顺从破坏者都随处可见，并且十分危险。一位朋友的经历印证了这一点。

这位朋友要到一家小便利店买一杯咖啡，走到柜台的时候看到一条广告语：购买任意款咖啡后点心只需 99 美分。于是她端了一杯咖啡，拿了一块点心去结账。收银员给她结账后，她拿着找的零钱离开了。

没走几步她发现零钱找错了，收银员收了 99 美分的咖啡钱，又以全价收了点心的钱。她回到便利店，说："不好意思，刚才你好像找错钱了，咖啡应该是全价，而点心是 99 美分。"

"没有问题，咖啡就是 99 美分。"收银员看了看他找的零钱说道。"不是这样的，你看这儿写着呢。"她花了一分钟研究标语。没有问题，就是"购买任意款咖啡后点心只需 99 美分"。她注意到身后已经排起了队。收银员这时说："你买的点心不属于这个套餐。"

我们的朋友指出，她拿的那块点心和广告上展示的特价点心一模一样，咖啡也是一模一样的。唯一的不同是他收的钱。

收银员明显不耐烦了。队伍越来越长，队伍中的人也开始有一些烦躁。朋友意识到事情不会有进展，于是拿回零钱，向收银员表示感谢后离开了。但是她还在想着刚刚发生的事情。收银员看起来不是那种乐于争论的人，很明显他并没有要欺骗她的意思。

等到排队的人都结完账后她又返回了便利店。"问你一个问题，"她说，"你是不是没有权限办理退货？""是的，"收银员回答说，"我必须得到经理的许可才行，他现在出去了，如果你想跟他聊聊咖啡的事可以等一会儿，他过会儿回来。抱歉，规定是这样的。”

谜底揭开，案件结束。他只是一个顺从的收银员，他只是在应付我们的朋友，直到经理回来，或者直到她放弃，不再理论并离开。

没有人会希望一个街角的便利店能够提供和诺德斯特龙（Nordstrom）☆一样优质的顾客服务。显然收银员没有权限随时打开现金柜，将钱退给顾客。但是在这个案例中钟摆摆得太远了。限制收银员用常识纠正错误，顺从破坏者也就因此而生——他们按规定行事，并在这个过程中损害商誉。

☆ 诺德斯特龙是美国高档连锁百货商场。

一个团体中的成员过分遵从规定带来的错误似乎仅仅是毛毛雨。而你也认为也许放过这些小错误比解决它们或从一开始就避免来得更容易。到最后，遵守规定是否真的会对团队造成伤害呢？答案是，的确。

顺从破坏者并不是无害的。就像那名收银员，他的顺从降低了排队结账的速度，也使便利店失去了一位客人（我们的朋友再也没去过那家店买咖啡）。或者像那名总是拒绝为老客户升级客房的酒店前台经理，顺从破坏者会降低团队的生产力，并且会使团队失去潜在的客户。检测这些暗藏的破坏性行为可能很棘手，但是非常值得。

# 35

想象一下，在一部黑白的二战电影中，检查点守卫兵向卡车司机提出要求：“让我看看你的证件。”仔细核查过证件和司机之后，他要求对卡车进行全面的搜查，虽然他知道这辆卡车几乎完全没有问题。卡车队伍越来越长，守卫暗自笑着。他像一个冷酷而细心的国家代理人，为了保护祖国做着分内的事，却在慢慢拖延战事。

类似的情况很可能正在你的团队内部发生，并且同样在腐蚀着你的团队。

# 2

# 演讲破坏

★★★

“演讲，就是说得又长又多”

# 39

人讲太多的话就会变得讨厌。但是讲太多话的人就是破坏者吗？是的，绝对是。“演讲”造成破坏不一定是因为它长，但只要有一定的长度就能造成破坏。而且“演讲”不一定发生在讲台上。

想一想二战时期的那个战略情报局的破坏者，他在敌军的统治区内负责安排铁路运输工作。他参加了一个会议，会议内容是关于接下来一周的工作安排计划、运送军事补给，以及与客运列车进行协调等方面的决策。在会议上，他几次中止讲话，提出一些有用的建议，然后再用“也就是说”，用不同的词汇将同样的建议再讲一次，或者举一两个他战前作为运输专家在私营铁路部门工作时相关经验的例子。大家乐意听他讲，没有人觉得他是一个“废话连篇的人”。实际上大家很喜欢他的故事。然而，他们只有一个小时的开会时间，直到最后，还有一些决定没有做完。领导只能在没有充分讨论的情况下就匆匆做出其他的决定。

看起来没什么不对。然而在一周之后，一辆客运列车在一个站台被堵住了，因为一辆军用列车要在这里卸货，这次堵塞造成了多米诺骨牌效应，引发了一系列的延误，最终补给没能及时送达目的地。没有人责备那名破坏者，反而责任都落在了会议结束后做决定的人身上。

战略情报局的成员在制订“演讲”战术时，他们不是指那种在会议大厅里的讲台前的“演讲”，而是一有机会就不停地讨论，特别是在会议上。偶尔在会议上做个人发言没有任何不妥。只要得当，这些讲话会启发他人，提出警示，并指明方向。合适的演讲能够号召人们行动。

但是总是说得太多则会延误讨论，使讨论偏离轨道，耽误下一个人发言，或者令人迷惑，使人焦虑，让人麻木，最后导致做出错误的决定。这就是战略情报局希望看到的。这也是为什么在各种工作组中采取不同的演讲破坏是很重要的战术。

应对演讲破坏的第一步是了解其展现的不同的表现形式。接下来我们将会讲述六种不同的破坏，你可能对这些都熟悉。这些破坏，就像我们之前所说的，大部分都潜藏在会议中。但是，有一些破坏可能就发生在走廊里，或者在休息室中。随后，我们将会给出一些应对方法，以终止这些破坏，使演讲破坏者不再潜藏在你们的团队中阻碍目标的实现。

### · 遇见演讲破坏者

很明显我们所有人都需要交流，需要加入谈话和会议中来完成工作。而且有些人很明显是更高明的交流者。另外，当我们讲话太多的时候，或者不能很好地强调重点，词不达意，甚或跑题的时候，我们都需要暂时终止谈话。但是总有些慢性攻击者，他们持续地进行演讲破坏，最终使会议或谈话偏离轨道，造成时间浪费。下面六种常见的演讲破坏者类型，我们都在工作中，在正式或非正式的场合，在大小团队中遇见过，尽管我们对此毫不知情。

#### 1. 长篇大论演讲者

“都市词典”☆将长篇大论演讲者总结为：无法闭嘴的人，滔滔不绝地讲着自己的事，以及这一天的经历。他们不知道自己的话何时变成了“长篇大论”，也不知道听他们讲话的人多么想让他们闭嘴。

所以，长篇大论演讲者就是那些每次讲话都没完没了的人，无论是在电话会议中，视频聊天中，还是同某人见面的时候。当别人向这类人提问时，他们永远不会简单地回答“是”或“否”，他们会说：“是的，让我来给你解释一下……”，或者“不是这样的，你知道吗，这让我想

☆ 都市词典（Urban Dictionary），一款在线英语俚语词典，其中有许多正规词典里查不到的词条。

起了……”。他们总会联想到过去一些勉强与会议主题搭得上边的经历，迫切地要与他人分享。

有些时候这样的行为是有价值的。也许这位长篇大论演讲者比会议中的其他人更年长，更有经验，他或她的故事能够帮助其他人提高分析问题的能力，或者学会如何在面临相似情况时保持审慎的态度。

那么，长篇大论何时变成了破坏呢？那就是当与会人员都已经了解了发言人要表述的重点，不需要他再讲故事进一步阐述的时候；当其他人已经同意发言人观点的时候；当还有其他会议事项需要讨论而时间紧迫的时候；当会议已经结束，人们需要回去办公的时候。在这些情形中，长篇大论就变得毫无意义，并且因为浪费了听者的时间而引发负面效果。总之，长篇大论演讲者浪费了我们的时间。

### 2. 离题演讲者

这种人在开会时经常会偏离主题，他们的讨论与主题有着极微弱的联系。发生这种情况，有时是因为发言者在发呆，或在查邮件，没有跟上谈话，有时则意味着他们没能理解谈话重点。比如，团队正在讨论一个购买新软件的决议，这个离题演讲者可能会突然发表评论，或提出问题——不过是关于购买新硬件的。

什么情况下我们可以容忍这种离题呢？当这个人能够明确地解释为什么要开始一个新的话题，而且新的话题是符合集体利益的时候，以及大家都认识到不能草率制定重要决策的时候。举个例子，如果会议内容是关于安装新软件的，但离题演讲者指出配套的硬件也几乎要报废了，这时的离题就变得有意义。

当离题演讲者本身对团队非常重要时，即便他或她的话无关紧要，这种离题讨论也应该容忍。例如，当发言者的支持对团队非常重要时，无论是出于哪种考量，就算发言者经常离题，也应该继续听下去，因为这样做有重要意义。

另外，如果一个团队的成员很难聚在一起讨论，那么当团队的所有人付出很多努力终于坐在一起时，离题也是可以容忍的。可能一个团队中的成员有一个在香港，两个在伦敦，一个在波士顿，他们的日程安排或时差使他们很难面对面开会，那么当这些人聚在一起时，即使讨论离题，他们讨论所创造的价值也要比视频会议或电话会议大。

除了上述情形之外，离题就只能是破坏。

美国一家最大的癌症治疗中心的患者服务部工作人员给我们讲了一个故事。他和同事都是一线员工，病人或护理人员来到中心的第一件事就是与他们交流。

他的老板召开了一个会议，把所有一线员工以及不同部门的经理召集到一起。目的是帮助每一个人了解其他人的工作，以便让彼此更紧密地合作。

在整整45分钟的时间里，会议都处于离题的状态，因为每一个参加会议的人都要自我介绍，并且要讲一讲自己能做什么来让各个部门之间更好地互相了解。看起来是达成了目标，不是吗？不，没有这么快。

会议最后，主持人提供了进一步讨论的平台，他问大家：“我们还有一点时间，大家还有什么要说的吗？”这时，一位部门经理，因为是受邀参会的，并知道距会议结束还有15分钟，就大胆地发言了。他谈起部门的工作流程，还说到他的管理方法，这些都与本次会议的主题不是十分契合。这自然引起其他经理的发言，他们不想被比下去，于是也纷纷讲起了自己部门的工作流程和管理方法。

经理们开始进行讨论，但一线员工却陷入沉默。就像这位患者服务部工作人员告诉我的：“我们能想到的就是，如果三个疾病中心的所有接线工作和接待工作都由一个人负责，那么他肯定忙不过来。会议又进行了30分钟。就这样，我们在会议上取得的进展都前功尽弃了。我觉得经理们会觉得我们是一群闷不作声的人，但是我们真的觉得，虽然他们讲了那么多话，但是他们完全不了解我们的工作。”

在第四章，我们会特别关注另一种破坏——引入不相关事项，这是离题演讲者的专长。在第四章中，我们将集中精力探讨离题演讲者的问题，以及如何避免离题破坏。

### 3. 迷茫演讲者

☆
艾伦·德詹尼丝（Ellen DeGeneres, 1958— ），美国著名主持人、演员。

艾伦·德詹尼丝☆将1995年出版的回忆录命名为《重点……我有重点》。艾伦可不是一个迷茫演讲者，但是这本书的标题的确切合“迷茫演讲者”的定义。

迷茫演讲者在开始讨论时总是带着很好的意图。他们真诚地希望自己说的话会对讨论有重要贡献，但是没过多久（一般是在30秒之内），讨论很明显地陷入弄清“重要的事情是什么”的困境中。想象一下，一个雪球从山顶滚落，只会越滚越大。在雪球中央的什么地方也许有一颗钻石，但是为了拿到钻石，你首先得让雪球停下来，然后还要不停地挖。

当迷茫演讲者能够证明自己的远见时，他们就不是演讲破坏者，并且表面的“随性”其实意味着他们对一个庞大主题有着更全面的认识，而且比任何人都有更深的理解（这也是别人跟不上他们思路的原因）。在这种情况下，跟上他们的思路，理清他们的重点能够加深其他没跟上的与会者对问题的认识。

例如，五位高管在一次会议上讨论组织内是否要采用一项新技术。帕姆有过相关经验，并且对这项技术很在行，所以在被问到如何推行时，她的回答迅速超出了会议要讨论的相关决策的范畴，并且谈起了“下一代技术”的潜力，这可能是两年之后的事情。她讲了差不多 5 分钟，在结束发言时笑了一下，说：“我说了一大堆，其实要表达的观点很简单。”会议上有一位高管探身向前，举起手，说：“抱歉，帕姆，可能是我太笨了，但是你说的那个简单的观点到底是什么？”每一个人都笑了起来，帕姆总结道：“对我们来说现在的决策是正确的，这对未来的发展有利。”随后会议继续，而此时每个人都对整体的图景有了更好的认识，也比之前思考得更加深入。

当迷茫演讲者的“随性”意味着“缺乏经验”时，他/她也不会变成破坏者，因为所有在场的与会人员都不介意花几分钟时间帮助他/她学习——为了他/她，也为了整个团队。以一个初级供应链采购经理为例，她花了大量的时间去研究需要购买的设备的具体技术细节——却没有意识到，她的老板其实只是想知道，供应商是否会提供一个能满足公司技术需求的设备，从而决定是否批准这次购买。

当迷茫演讲者变成一个慢性攻击者的时候，他/她就成了破坏者。或者，很明显发言者已经不知道自己要讲些什么却还在继续讨论的时候，就变成了破坏者。或者听众和发言者一样迷茫的时候，或者听众开始开小差、偷偷地（甚至公开地）查看邮件的时候，或者给其他人发短信（有时候发送对象甚至就在会议中）的时候，迷茫演讲者就已经变成破坏者。

### 4. 敏感演讲者

敏感演讲者知道人们的学习方式是多种多样的，也知道把一件事情解释透彻并不代表其他人就能同样清楚，所以不得不一遍又一遍地以各种方式解释，以确保每个人都听懂了。的确，这是一种好品质。随着科学家们不断深入地研究大脑，越来越多的成果证明我们人类的学习方式的独特性。敏感演讲者能够感觉到人与人理解事情的方式不同，于是会采取不同的方法力图让所有人都明白，这是一种天赋。这类人会尽力用多种方式来向听众解释一个问题，他们的发言是多角度的，并且也都切题。

那么，这种行为何时会越界成为破坏呢？当敏感演讲者对一个观点过度解释的时候——这个观点本来一次就可以说清楚，却非要说三次不可；或者当发言者无意间表现出居高临下的姿态，而听众因为反感而听不下去的时候；以及发言者为了照顾某一个人而浪费团队中其他人的宝贵时间的时候。

就像哈佛商学院教授弗兰克·塞斯佩德斯所言："不要总是两次出售同一件物品。"

想象一个发生在会议中的场景。与会者们在讨论如何更好地管理团队中日渐增多的志愿者。一位发言人提出她的看法，指出应该根据志愿者的个人兴趣、技能、年龄等来分组并分配工作。随后她又开始了相同的发言，但是这一次，她在白板上画图以辅助她的说明。在结束阐释之后，她像上了发条一样，再一次说起来。这一次她从桌子下面的一个包中拿出乐高组件，通过组合不同大小和颜色的乐高模块来解释她的分组观点。

"我明白了，"另一位参会者说道，"从某个角度来说，她真的在帮助我们。但是同时我想说，就算我没明白，能不能给一点信任，我自己也能弄明白。她真的说太多了。是的，可能她的出发点是好的，但是她在浪费我们所有人的时间。"

## 5. 积极演讲者

还记不记得四年级时那个总是高高地举手的小朋友？每当老师提出一个问题，他就把身体靠在桌子上，一脸怪相，嘴里嚷嚷着"我！我！"，直到老师叫他起来回答，他为了给出自己的答案或者意见而兴奋得几乎跌倒。如果老师没有叫他，他立刻变得沮丧，叹着气自言自语，甚至会对被老师叫起来回答问题的那名同学翻白眼。

在你的会议中有这样的人存在吗？

如果有的话，也许你是幸运的。优秀的积极演讲者就像赫敏·格兰杰☆，他们了解主题，不说废话，帮助每一个人快速地进入最重要的核心讨论环节，为团队节省讨论时间。这种积极演讲者常常能够给出让人受益匪浅的深刻见解。

☆ 赫敏·格兰杰（Hermione Granger），《哈利·波特》系列小说的女主角。在霍格沃茨魔法学校，她因每堂课都积极举手回答问题并乐此不疲而扬名。

但是积极演讲者也会变成破坏者。有时，积极演讲者觉得有必要参与所有讨论，就算讨论的主题完全超出他们的专业领域。他们如此积极地参与，是为了不被人质疑为何一言不发，而且他们不明白这样做可能会暴露自己的无知。比如，如果这个积极演讲者在广告部门工作，他/她会经常在他人的创意项目中插嘴，尽管他/她并不熟悉这些项目的细节和目标。

而有的时候，积极演讲者只是在重复他们觉得最重要的与会者提出的内容。他们想表现出对内容有深刻的见解，但是他们并没有什么见解，只有重复别人的见解才会感到安全。不幸的是，这些没有意义的贡献会不知不觉地占用会议时间，使很多应该被听到的声音没有被听到。

## 6. 行话家

这个类型的演讲者可能是在战略情报局写下规则时最不具代表性的。但是实际上，这是演讲破坏最重要的辅助形式，特别是在当今这个时代。原因如下：

无论在什么团队中，行话家对整个团队来说都至关重要。这是因为，他们要么年龄大而且有经验，要么年轻又有见解，总之都能给讨论带来一些独特又有价值的观点。他们也可能是技术专家，能够分享与工作流程有关的重要信息。或者是财务专家，对你的财政预算给出重要的提示或提出管理资本的新方法。行话家的话值得听，他们的发言能够拓展你的视野。

但是你也得能听懂才行。

行话家的问题在于，尽管他们本身并没有进行任何演讲破坏，尽管他们的发言已经很简洁，但是他们没有将信息有效地传达给听众。在会议结束后，行话家觉得他们已经把重点都告诉大家了，而你还在思考他们到底说了什么；更惨的是，你觉得你听懂了大概的意思，但是缺少一些关键的细节，因为实际上你没有听懂。而当你和其他人因为未能准确理解行话家的发言而犯错误的时候，破坏的后果就出现了。

这种破坏发生的原因是讲话者未能照顾听众的实际情

况。发言从第一句开始就令人困惑，而随着行话家说得更多（关于技术细节或专业知识等），他 / 她也就种下了更多困惑的种子。

有一个例子，经验丰富的首席运营官对 20 多岁的市场部员工们说道："这个产品的成功需要采用'从汤到坚果'的方法。"这些聪明伶俐的年轻人可能完全听不懂他们的老板的老板的老板在说些什么。（有些读者可能不知道，"从汤到坚果"指的是一顿包含很多菜品的正餐，从汤开始上起，直到几个小时后会上一些坚果。因此"从汤到坚果"的意思是"全面的""无所不包的"或者"全方位的"。）

还有一个相反的例子。一位 20 多岁、精通技术的经理向一群连邮件都不愿意回复的听众说："我们要充分利用 SMAC 的优势，并将其推向市场。"如果运气好，有人会礼貌地打断他："请问 SMAC 是什么意思？"随后这位年轻的经理会解释道："S 就是社交（Social），M 是移动（Mobile），A 指数据分析（Analytics），C 的意思是云技术（Cloud technologies）。"

**· 团队层面的演讲破坏**

上述六种演讲破坏者类型你可能在任何一个工作团队中都会遇到。但是有些时候，演讲破坏会直接以一群人共同参与的形式发生，这是怎么回事呢？

也许你曾有过类似的经历：老板在会议上宣布了一个不受欢迎的决策，或者有人提出了一个有争议性的方案，或者有人介绍了一个可能降低效率的流程。随之而来的是，在会议结束后，人们在办公室里或在咖啡机旁悄悄地讨论着，又或者不停地通过电子邮件讨论该决策、方案或流程的优缺点，这时你就经历了团队层面的演讲破坏。

我们说的不是八卦——八卦是琐碎的、个人化的。我们所说的这种“随之而来的讨论”可以看作是小的发泄口，或者是团队成员之间的健康的讨论，说明大家很关心团队或小组内部的情况，这是一件好事。每个成员都应该关注自己的团队。

但是这种“持续进行的讨论”可能会衍变成致命的破坏。经常会出现这样的情况，在一个大规模的会议之后，员工们迅速开始小规模的私下讨论交流，而这些讨论交流会很快偏离最开始的主题和实际工作。交流很快就跑题了，人们开始谈论别的话题。有人被误解，感情受到伤害。

当团队中有问题需要解决的时候，这种团队层面的演讲破坏就可能发生。每一个人都有一套理论；每个人都变成了专家；每个人都有一个更好的解决办法——都和老板的意见不同，更有力的提议，或是改进的流程。因为没有合适的疏通机制，不能让所有人的声音和意见都被听到，这种私下讨论会失控。这时这些讨论就会影响整个进程的效率，瓦解决策，产生意见不同的派别。

有一个掌管几百万基金的慈善组织需要重新组织领导团队以应对严重的预算削减，就此召开了一系列会议，却最终也没能产生决议。这引起了广泛的不满和焦虑，随之而来的，是各种关于人格和性格、管理方式、个人喜好、组织的目标、组织是否需要改进以及如何改进，还有后续计划的非正式讨论（往往是悄悄进行的）。因为领导团队要广泛地听取意见，致使越来越多的人卷入其中。评论越多，领导团队就愈加难以在随后的会议中集中解决重组的问题。最终，两名高级领导团队中的重要成员在决议达成之前无比沮丧地选择了辞职。

这种“持续进行的讨论”并不局限于正式的组织中。如果你属于一个志愿者团队，难道没有发现有很多会后讨论？在正式会议后的停车场中？在电子邮件中？有没有人气得鼻子都歪了？你有没有加入过这些私人讨论，试图让大家重新开展合作？这就是团队层面的破坏。这些持续进行的私下讨论会拖延所有有意义的决议或行动。

**· 解决和阻止演讲破坏**

当演讲破坏发生时，立刻弥补破坏的方法和阻止破坏的方法都差不多。有一些方法更适合某些类型的演讲破坏，我们会着重指出。

## 1. 指派一位计时员

在小组讨论的一开始，就告诉大家这次会议大概会持续多久，然后正式地指派一个人计时，并在需要的时候将发言人打断："玛丽，你讲得很棒，但是我们得继续讨论别的问题，会议只剩 20 分钟了。"

如果这话是某人随口一说，那么发言人可能会感觉受到伤害，但是如果有一位正式的计时员，情况就不同了，大家都知道这是他或她的职责。

或者可以考虑用一个计时器。我们经常在会议中使用老式暗室时钟，它的声音巨大，而且恼人，听到它的声音，发言人自然就明白：发言时间结束。

计时器的声音虽然刺耳，但是对于迷茫演讲者的确有用。计时器不仅能让他们受到限制，可能还会让他们（头一次）意识到在讲述重点时他们到底用了多长时间——但愿他们讲的话有重点！

## 2. 指明方向

给与会者一些确切的东西，一些你平时用来组织自己思路的东西——议程或特定的目标。最好在会议前两天同与会者交流，确定这次讨论的目的为何，以及你希望能够解决什么问题。然后在召开会议时，提醒与会者注意之前定下的目标。我们经常这样说：“有哪些是我们希望能在会议结束时决定、确定、发现或宣布的呢？”

在说完之后，如果有人跑题，你就可以提醒他们会议的目标，然后将讨论带回到最初的目标主题上来。这种方式对于应对离题演讲者特别有效。

### 3. 邀请正确的人

写下预期的参与会议或讨论的人员名单，然后对名单进行精简，就和你决定带哪些人去吃烧烤或是去跳伞一样。

思考一下哪些人是真正需要参与会议的，为什么需要他们参会，以及他们怎样才能使讨论受益。很多时候，人们在安排会议时会出于习惯一次又一次地邀请同一拨人。一般来说，这些人每次的发言都会超出会议需求，并没有什么意义。确定嘉宾名单是一种有效方法。如果会议室中参加会议的人都有明确的参会理由，并且他们对此心知肚明的话，那么就不会有演讲者陷入迷茫，也不会有演讲者胡言乱语。这时候积极演讲者的参与往往是合理的，他们也传达着正确的信息。这种会议也很少出现会后的愤怒。

4. 提前决定你是否需要他们的评论。如果需要，为什么？

有时，开会唯一的目的就是开展小组讨论，或者头脑风暴。这很好。

但是更多的时候，我们发现会议的领导人总是想要听听大家的意见，无论会议的内容和形式是什么，或者会议目标是否达成。这种在每件事上都询问每一个人的意见的倾向并非仅仅出于人类的本性。员工参与的重要性已经深入管理人员的头脑中，特别是那些人力资源专家。但是有时候，询问每一个人的意见并没有意义。

例如，如果会议的唯一目的是分配任务，或者一场大型会议要求与会者在会后将问题汇总，这种情况下就完全不需要每个人都在会上发表意见。事实上，如果你没来由地广开言路，那么你就给了长篇大论演讲者、离题演讲者和迷茫演讲者一场足以自我陶醉的狂欢，让他们尽情地制造演讲破坏。即便没有收集完意见就结束会议会让人觉得没礼貌，我们也要阻止这种破坏的发生。

如果你觉得会议最后的公开讨论环节是有必要的，那么建议你遵循“双击规则”，这是我们从排球中借鉴的。在开始讨论前讲清楚，同一个话题只有两个人可以评论，两人发言结束之后就要进行下一个话题了。

另外，如果会议进行得比原计划快，那么不要因为还有剩余时间就草率地进入各抒己见环节。就算原计划 1 小时的会议只用了 20 分钟就结束了，也不要犹豫。人们乐于接受所有的时间红利，而且这样就避免了开启一个新话题或者在仓促之中做出其他决定的风险（你难道没听过长篇大论演讲者说“我们还能再讲一会儿，还有 4 分钟！”吗？）。如果讨论已经结束，那就及时收工。

我们也建议在提出开放式问题时要保证有个大体上的方向。比如：“还有人有其他想法吗？”在大多数情况下，这样的提问会直接引起演讲破坏，特别是离题演讲者的破坏。为了防止讨论偏离会议主题，或者防止会议结束后的讨论，应该重新强调问题，保证大家不跑题，你可以说：“如果有人对此话题有其他想法，请在会后告诉我。”

**· 目标及延伸**

当今能够对话题产生影响的巨量信息会暗地里鼓励某些演讲破坏。想要对会议做出有效的贡献，就需要将数据转换为观点，将观点转化成有用的观点。做到这些需要一点实用的技巧，大部分人没法自学成才。

无论是作为会议主持还是参会人员，你都可以通过提前思考你要在会议中讨论的信息来确保会议进展顺利。你期待其他人掌握多少信息？他们能如何利用你所提供的信息来达成会议目标？

如果你在分发或者陈述材料前先思考这些问题，迫使自己站在其他参会者的角度来思考，或许就能够判断出你是否对同事期待太高，你想做出的贡献是否有用，以及为什么有用或者无用。这样也许就能避免自己或他人进行破坏。（特别是积极破坏者，他们就能够清楚地知道自己是否拥有应该分享的信息。如果没有，那么这些问题至少能够让他们在清楚地知道自己为什么必须出席会议的同时也能保持安静。）

对于小的非正式团体，这些问题看起来可能有些过火。但是想让它们发挥作用，你不需要正式地提出来或遵守特定的模板。只需考虑一下会议的目的就足够了。任何会议的目标都是**产生有用的观点，并借助这些观点来促成积极的结果。**任何能达到这个目标的会议都是一次好的会议。

但你也不应仅仅止步于此。你应该在竭力催生出有用的观点，并借此促成积极的结果之后，**将这些观点融入团队中，使其不断地发挥作用。**这是一个具有挑战性的延伸目标，但如果你达到了，那么恭喜你，你完全克服了演讲破坏，破坏者存在的土壤已不复存在。

# 3

# 委员会破坏

★★★

“尽可能将所有事项提交给委员会”

这条战术在1944年制定出来的时候，大部分人只会用“委员会”这个词来代表工作团队。在今天，我们用工作组、行动组、特别小组以及许多其他的名词来表达共同为一个项目工作的人们。不管你用什么词，这些团队都十分重要。并且可以肯定的是，如果没有这些团队，很多重要的工作就无法完成。

有时一项简单工作需要几个人共同完成，但没必要为此组建一个永久性的团队，所以人们会组建一个临时的工作团队——这是委员会的一种类型。又或者相反，一个大型的组织认为某一个项目不需要全员参加，一个小组就能够解决问题。同样，这时候也需要一个委员会。

在筹备高中舞会的时候，你不必动员全部家长和教师来组织孩子们。你也不需要让每一个人都去寻找场地、预约场地（或者预订体育馆并告知保洁）、装饰场地、准备食物、安排监督人、注意场地安全以及其他种种的前期准备，还有从舞会正式开始到结束期间的全部的杂事。但这些事都需要有人去做。所以你安排人手组成了多个委员会——负责餐饮的、负责布置场地的、负责卫生的，等等。舞会筹备工作就被分割为更容易操作的一系列小项目。

组织委员会常常是个好方法。事实上，在本书的其他部分，我们会建议组织委员会。但是委员会有时也会变成滋生效率破坏的土壤。

首先，委员会里常见的情况是没有人承担责任。当一个大型组织将某个工作分配给委员会时，这项工作的控制权就不再属于组织的领导了。（在筹备高中舞会的例子里，那个领导者可能是家长教师协会会长。）很多时候，委员会需要自己来制定团队的行动纲领，这意味着委员会可能不会制定任何纲领。

通常，如果委员会没有指定明确的负责人，也就没有人会为具体的工作负责。在这种情况下，委员会会议会充满争吵——有人会感到受伤，误解会发生……工作无法按照本来的计划正常完成。在更坏的情况中，委员会的工作停摆，因为没有人觉得自己有权召开会议。

如果指定某个人承担某项工作，那么这个人一定得为自己的工作负责。如果因为工作对一个人而言太复杂，所以组织了临时委员会，那么责任也相应地被淡化，甚至完全消失。个人的工作变成了整个委员会的工作，有时可能意味着谁都不做——最后会产生类似的负面结果。

这很明显是一种破坏，但这还不是全部。我们战略情报局的朋友会非常了解，委员会，就其性质而言，视野非常狭窄。一旦委员会形成，并接受了某项任务，就很难在工作进行到半程的时候有所改变——哪怕这种改变是必不可少的。

有一个社区委员会，是为了在城市废弃区域的一片空地上设计一处操场而组建。领导和相关人员都已就位，开始着手对不同的设施进行调研，考察价格，等等。有一天，他们发现该城市计划在空地旁边为老年人建造一幢住宅大楼。从地图上可以看出，这幢大楼会将之前规划的操场和社区隔开。

和大家想的一样，这个委员会还是会继续进行操场设计。为什么？因为这是一个“操场设计委员会”，而不是一个“如何利用空地”委员会。也许委员会成员中有设计操场的专家，但没有人精通别的工作，比如如何设计社区花园，或设计对残障人士友好的生态观赏景观。他们固执地继续设计操场，因为这是委员会存在的原因。

最后一点，委员会……可能……非常慢。（这第三个特点可能是战略情报局最看好的。）很多委员会在成立之时都没有明确的项目截止日期。他们的任务就是研究，或者是提提建议。从一开始就没有人知道要做好这项工作需要多长时间，因此也就没有截止日期。也许会有一个理想的“验收”日期，但是很多时候，委员会连这个也没有。

另外，对于委员会成员来说，委员会的工作不是他们的日常主要工作内容。再次以高中舞会为例。一些委员会成员是教师，他们在委员会的工作要排在课堂教学、课后活动、家庭生活及其他活动之后。身为家长的委员会成员也一样。谁会把时间全搭进去呢？让孩子来做？（当然，这也是为什么有的孩子是家长教师协会的一员。）上了年纪的家长？委员会工作也很少是紧急的，于是待办事项就这样拖了下来。

本，一位犹太会堂的酒保志愿者，就清楚地知道这些。事实上，他曾成功地利用委员会进行了一次故意的破坏。

在 21 世纪初，一个很重要的组织前来处理犹太社区酗酒的问题。他们写信敦促会堂停止在举办活动时提供酒水。

本的拉比（犹太会堂主持）将他叫到办公室，向他展示了信件。“本，”他说，“我们必须把这事处理了。”

本知道会堂必须要对此做出回应——但他也知道他和另一位酒保志愿者已经在他们的小社区里妥善地解决了潜在的酗酒问题，再去应付上级要求的任务就是浪费时间。于是他说道：“拉比，我有一个主意，我们应该组织一个委员会，并且成员不仅仅只有我们几个人，还要有广泛的代表人，包括帮助年轻人戒酒的，帮助男性团体和女性团体戒酒的，一些当地有经验的宴会组织者，等等。当然，您也要在委员会里。我再问问其他酒保，以及能够在社区里提供一些科学指导的医生或者心理咨询师。我们应该对会堂和社区的饮酒现状有一个全面且广泛的认识，最后形成一个涵盖所有活动和场合的饮酒政策。”

“好主意，”拉比回答，“那就成立一个委员会吧。”

你应该已经猜到结果了。委员会从来没有开过会，本的教区也完全和来信之前一样。而上级组织后来也不再关注犹太社区的饮酒问题了。没有采取任何行动，很明显也不需要。

想要让一个想法自然而然地消亡并能够避免一切争论，最好的办法就是把它交给委员会——最好是像本建议的那样，成员组成复杂，没有明确目标和截止日期的委员会。

本就是破坏者——故意破坏者，因为他知道委员会破坏如何发挥作用；他知道委员会能成为一个组织的黑洞——议题一旦进去，就永远不会再出来。他不想让信众去解决对他来说完全没意义的议题，因为他和另一位酒保早已完全搞定酒水的储备和服务。

没有人能发现破坏行为——无论任何人问询拉比在酗酒的问题上有何进展，他都能如实回答说已经组建了一个委员会来研究这个问题。

不出问题，没人受罚？在这个案例中的确是这样的。至少本是这样认为的。但是要知道，大部分委员会的组建目的不是故意让想法流产。很多时候，人们组建委员会的初衷是想要多花些时间仔细研究某一问题。他们想要确保最后能做出正确的决定，所以他们让一个团队来仔细审查。

但在一些情况下，委员会阻碍了工作进程，造成的破坏十分巨大。

**·识别委员会破坏**

通常我们在一千米外就能闻出委员会是否发挥作用。幸运的是，你也可以。事实上，分辨委员会是否会变成破坏之源真的很容易。下面就是一些能够说明问题的特征：

1. 委员会成员意见无法达成一致

成员们一次又一次地参与讨论，争论不休，但没有解决任何问题，也没有人负责。

组织都是复杂的，很多时候人们聚在一起是为了解决问题。但解决的到底是谁的问题？谁最终为解决这些问题负责？如果成立了委员会，那么问责人就不能是那个指派工作的人——“家长教师协会会长”或“老板”。这种职责太宽泛了。问责人必须身处委员会之中，即便委员会是由不同部门或领域的平级人员组成。

如果没有固定的问责人，或者没人承担收尾工作，那么这个团队将很可能在无意中变成委员会破坏的受害者。

## 2. 没有明确计划或目标

如果没有人能够明确地指出委员会的工作的最终验收标准到底是什么——一份报告、一个建议案或是某个专项行动——那就麻烦了。

这就和让高中生就一个十分宽泛的话题做独立研究一样（比如说，“20 世纪的喜剧”）。如果没有说明要包含什么内容，最后的作业成果如何呈现，也没有任何打分标准的话，最后的作业效果一般都不会太好。

有一家我们熟悉的公司，公司的高管喜欢组织委员会进行工作。他们每天开会，从一个工作组转到另一个工作组。他们认为忙碌意味着产生价值。他们觉得一个工作日程提前一周就排得满满的、没有任何空闲的人一定是一个重要的人。但是他们似乎不会在任何会议上完成什么事情。

公司一位领导告诉我们：“在这里，一个好的会议就是在会议的最后我们都比之前更加团结。会议讨论也许没有结果，但我们都觉得聊得不错，合作也很愉快，增进了相互的了解，这就是我们开会的价值所在。一个提供甜甜圈的会议就是好的会议！”

开心的会议，结果也开心吗？不一定。浪费了时间？八成是这样。

### 3. 没有截止日期

尽管某些项目会有严格的截止日期，比如产品发布会，但大部分现代组织似乎都按照自己的节奏行事。不管是有一个大家都清楚的、明确且紧急的截止日期——“到下周二之前我们投资委员会要拿出一个商业计划”，还是大概的截止日期——“希望我们在下一个季度之前能够确定一些事项”。

有些任务太复杂，因此无法提前确定何时才能完成。在这种情况下，就要确定一些临时目标——“我们要在 90 天内一起做出一个工作计划”。

如果没有截止日期或临时目标，那么委员会或者工作组很可能效率极低。可能是委员会没有认真对待工作，没有定期开会；也可能是开会了，却放任它没有尽头地开下去。截止日期让人专注，没有截止日期的话委员会就很难完成任务。

### · 让委员会工作

有几个简单的方法能够让委员会从破坏之源变成高效的合作工具。

#### 1. 在一开始就明确职责，尤其注意责任分配

没有目标，没有截止日期，没有达成一致的终极机制，前面讨论的这三种情形都有一个共同的根源：没有问责机制，或者至少没有人觉得他们需要对结果负责，需要站出来明确目标、确定截止日期并敦促成员达成一致意见。

项目经理们发明了一个简单高效的讨论责任的模式，叫作 RACI。如果你熟悉 RACI，那你可以跳过接下来的几段内容。如果你不甚了解，那接下来你就能掌握这个简单但有利于你人事管理工作的工具——一个能避免委员会破坏的办法。

假设有一项任务，要决定是否在一个新的国家开一家连锁酒店。老板建立了一个委员会研究这个问题。很明显区域经理必须要参与；酒店运营部主管也想派人加入，毕竟最终需要有人去运营新酒店；市场部也应该有人参加，因为要在新地区做推广，很多工作需要市场部参与；采购部当然也要参加，新的供应商需要及时到位；需要有财务部的人来计算新的酒店是否能够盈利；酒店雇佣员工需要

人力资源部的人来协调；要有地产部的人选址并保证安全；需要技术部的人安装管理系统；合同需要法务部的人来审核；特许经营部的人呢？内部沟通部的人呢？目前为止我们的委员会已经有 11 个人了，而随着会议推进，会有更多的团队和部门加入进来。

但是这 11 个人必须加入吗？必须每次开会的时候都跟这 11 个人商定会议时间吗？

这就需要 RACI 工具了。在 RACI 模式下，团队中的成员应该担任以下四个职责之一：

R Responsible 负责工作

A Accountable 团队当责

C Consulted 咨询协商

I Informed 获知信息

在连锁酒店委员会的案例中，应该给之前提到的每一个部门的代表分配一个职责。以市场部为例，由于在决定是否将连锁酒店扩展到新国家的过程中，市场分析、广告和推广费用、竞争对手都是形成最终决议的参考因素，那么很明显市场部必须有人作为代表参与委员会。这就决定市场部是一个“R”——对决议负责的部门之一，也是委员会必不可少的成员。

那么法务也是一样吗？法务部的代表真的需要参加每次会议并参与制定决策的每一个环节吗？也许不用。只要在采取涉及相关法律事项的行动之前向法务部门咨询就可以了。因此法务部就是一个“C”的角色。法务部的代表不需要在委员会之中，只要在决议产生之前，向他或她咨询法律相关事项就可以了。

那么技术部呢？这个部门并不需要参与会议，决议确定下来并进入执行过程后技术部才真正发挥作用。技术部门的代表也不需要忍受漫长的制定决策的过程，但他们需要参与。他们需要获知相关信息。在建议或决议通过之后再通知他们也是可以的。技术部门就是“I”的角色。

还剩下一个重要的职责，就是“团队当责”的角色。

尽管老板是最终对组织中发生的每一件事负责的人（还记不记得哈里·杜鲁门总统桌面上的座右铭：“不能推卸责任”？），但是如果他想使组织发挥作用，就得分配责任——让其他人也负起责任。另一种方法是他担负全部责任，这最终会限制公司能力的发挥，使公司效率降低。

决议需要当责人，委员会不能成为当责人。要有专门的个人对决议当责。因此就要授权给个人让其对委员会最终的决议当责。不是永远负责，不是没人对决议进行审核，也不是不允许老板干预、挑战甚至推翻决议，而是要指定委员会中的一名成员对团队当责——这就是 RACI 中“A”

的角色。这个人最终负责整个团队的工作，负责整个决议。

很多组织在让个人当责这件事上太过谨慎，这有人际关系和个人的因素。如果区域经理要为在新的国家开辟市场当责，这是不是意味着他可以强制推行市场部不认同的拓展方向？如果运营部主管认为他们没有能力支持决议怎么办？是不是整个团队共同做出决定更好？

当然是。他们会一起参与。如果这是可行的——所有人携手唱响“圣歌”——那将是一个极好的结果。老板也更想要一个经过一致同意的建议，而不是一个互相仇视的委员会。

但是这样的决议可能一团乱。各部门必须做出让步，有赢家也有输家。除非老板想要让所有糟糕的决议都被提交到台面上自己来拍板，否则一定得让某一个人做出最终决定——这就是这个 RACI 框架中担任“A”角色的人的职责，要对委员会最终的工作成果当责。

要使 RACI 发挥作用得明确四点：负责工作的团队，团队里当责的人，做出决定之前的咨询协商和决议达成之后需要告知的对象。

因为 RACI 模式提供了清晰的思路，能够迅速改善各类组织或机构的运作方式，因此也就值得花时间学习和实践这一简单的技巧。

## 2. 确保完成任务需要委员会

我们曾经开玩笑说我们的客户中的一个高级管理团队无所不能，从大规模的跨国并购到每年的公司野餐，都需要他们负责处理。一位团队成员说："我们不仅要讨论去哪儿野餐，去年我们还讨论过非婚生子女是否应该包含在嘉宾名单中。"

这些问题并不是不重要，但是可能不需要由一个高级管理团队来负责。好公司或聪明的领导都会确保任务和团队是匹配的，只有在需要的时候才组建委员会。

的确，很多决议会受益于多样的观点。但是，先搞清楚以下三个问题也很重要：

- 这个议题是不是值得组建委员会？
- 讨论这个议题是不是最大程度地利用了大家的时间？
- 这个决定是不是非常重要以至于需要大家承担自己工作内容以外的责任？

如果以上问题中有一个的回答是"不是"，那你就需要考虑这个议题是否可以交给某一个人来负责，或者这个问题是某人的日常工作内容。

## 3. 尽量控制委员会人数

亚马逊的创始人和首席执行官杰夫·贝佐斯曾说过："要是你不能用两个比萨喂饱一个团队，那么就是团队的人太多了。"对于委员会来说也适用。

有实际的证据支持他的看法。《华尔街日报》发表过一项研究，委员会人数不能太多，尤其是一种特别的委员会：上市公司的董事会。

董事会具备一些典型的最难管理的委员会的特点。尽管董事会有一个主席，但董事会成员都不是主席的下属，成员投票的权重是一样的。上市公司董事会的任务很繁杂，并且很难定义。不同公司的董事会规模也不尽相同。一般来说，董事会成员数量介于10到12，有的更少，有的更多。

《华尔街日报》的这项研究只关注一个简单的主题：较小的董事会（8到10名董事）和较大的董事会（12到14名董事）在工作成效上有什么不同？

为了回答这个问题，研究者选取了近400家公司，这些公司从2011年到2014年每年的市值都超过100亿美元。结果呢？拥有较小规模董事会的公司（平均9.5名董事）比同行业内的公司平均利润高出8.5%，而拥有较大规模董事会的公司（平均14名董事）比同行业内的公司平均利润低10.85%。

较小规模意味着每一位董事都能够更投入地参与决策制定。董事会人数较多时，一些问题就会被重复讨论，董事会很难对问题进行更深入的后续挖掘。董事们会提出他们的观点和问题，但是讨论往往流于表面。人数较少时，董事之间可以进行更多互动，会更真诚地对话，更加深入地讨论具体的问题。董事会规模越小就意味着成员关系越紧密，董事会规模越大意味着成员关系越疏离。

仅仅是多增添几名成员就能让一个小型的、高效的、灵活的、投入的团队，变成一个笨重的、优柔寡断的、疏离的监工队。当有人志愿加入（或推荐别人加入）时，这种情况就自然而然地发生了。对于委员会来说，多一个人就意味着效率的降低，所以如果你能在这种情况下说“不”，就能显著提高团队的工作效率。

这也是战略情报局建议使委员会人数尽可能多的原因。他们知道一个人数众多的委员会会降低自身的效率，影响团队生产力。让委员会保持灵活和较小的规模，可避免委员会成为破坏的温床。

## 4. 重要的委员会需要严控人选

充实委员会队伍最常见的办法就是找志愿加入的人。这是因为在委员会的工作通常意味着个人需要在日常工作以外的事务上付出精力。所以如果有人志愿加入委员会，那么就说明他们能够从自己的工作中腾出时间从事其他的工作。这可能是组建委员会最简单的办法，但并不是最好的办法。这些志愿从事委员会工作的人可能不是最合适的。

这里有一个某非营利组织提供的委员会模型：4W 模型。该模型对于计划组建委员会的人来说也许非常有用。想要成为一个委员会里的优秀成员，需要至少具备下面四点中的一点：努力工作（be a good Worker），及时明断（provide Wisdom），贡献资源（contribute Wealth），能够提升委员会的形象（Window-dressing）。

**努力工作：**委员会成员需要对决议产生之后要采取的所有行动有整体把握。这个人需要参与执行这些决议，并且贡献出时间和精力保证任务完成。

**及时明断：**委员会成员应该能够给出合理的判断，或者发现潜在的问题（因为他们曾经历过同样的或者类似的问题）。明断是指有能力识别不同的模式，并找到其他人看不到的各种模式之间的关系——这种能力来自多年的经验。

**贡献资源：**委员会成员要掌握所需资源——并不仅仅指资金。例如，一个高中运动会的组委会想要为障碍赛找个大轮胎，这时要是有成员在轮胎店工作，那么这项任务会变得容易得多；一个寻找音乐会场地的委员会里如果有人常常演奏乐器，并了解音响效果，那么工作也会比较容易展开。资源还意味着拥有专业人才的人脉。

**提升委员会的形象：**成员的外部声望能够为委员会增加威信。比如，研究幼儿园早餐的委员会，如果有当地大学营养学专业的教授参与会格外受益。

在采用 RACI 模型组建委员会的时候，多考虑一下 4W 模型也很有意义。团队认真工作的人手够吗（负责工作的“R”角色）？如果有人能够提升委员会的形象和声望，那么让他们扮演咨询协商的“C”角色或获知信息的“I”角色，不参与到委员会执行工作之中可以吗？

通常，我们发现非营利组织的委员会有二三十名成员，或者更多——规模太大了，很难完成真正的工作。这些成员可能是重要的资源贡献者，或者之前在努力工作，但是一段时间以来几乎没什么贡献。在这样的情况下，我们建议将委员会分成咨询委员会和管理或执行委员会。咨询委员会可以提供咨询服务，也可以获知信息，但是不需要承担具体任务。完成任务的工作交给较小的管理委员会或执行委员会。

4W 加上 RACI，这两者组合在一起能够让委员会的效率得到最大提升。

将志愿组成的委员会变成高效运行的委员会的另一

个方法，就是分两个阶段组建。先召集志愿者或提名一些候选人，此时不要确认任何正式成员。使用RACI模型分析，看看这些人适合什么角色。然后，私下确定你认为最适合的那些成员。接着回复那些没有被选中的人，让他们知道你也很欣赏他们，但是你已经有足够多的人选了。或者如果合适，就让他们到另外的团队中。或者给他们分配咨询协商或获知信息的角色，但是不要让他们成为需要完成任务的成员。

### 5. 确定明确的验收标准和截止日期，要求定期撰写进度报告

很多委员会都是永久的委员会——这些委员会定期开会，产生想法、建议和决策。城镇学校委员会每月开会一次，讨论新出现的问题和尚未解决的议题。公司的风险控制委员会每季度开一次会。审计委员会每半年和委员会以外的审计员们开一次会。

但是大部分委员会都是为了解决特定问题而组建的。倘若放任其不管，这些委员会能够一直存续下去，而不会产生任何明确的工作成果。他们仅仅是开会，但是没有明确的主题或时间表。

这些带有特殊目的的委员会或任务小组会极大地浪

费组织和个人的时间与精力。在我们的一些公司客户中，管理人员每天在各个会场间疲于奔命，但即便如此，在一周结束的时候，也很难看见什么与他们的努力相应的成果。

为了防止这种情况，有些政府经常执行一项“日落”规定。这个规定是指，一个委员会或其他类型的活动，将在一定期限内存在或进行。当限定的日期到了，团队就要主动地更新——否则就要像日落一样从视野里消失。

但是“日落”规定很少出现在个人及非营利组织领域。委员会、任务小组、行动组——所有的这些临时组织都可能运行数周、数月，甚至数年。这些委员会虽然还在运作，但是只能说“还在努力”，不能达成一个确定的结果。

试一试这个简单的方法。如果你是委员会的组建者或主席，设置一个截止日期；或者如果你是委员会成员，那么就要求设置截止日期。设置一个明确的工作成果要求，或者验收标准。同样，如果你没有权力设置，至少要求上级给出这样的规定。设置定期提交报告的工作模式，最好是书面形式，说明已经取得的成果以及剩下的任务。或者要求将这种定期提交报告作为委员会活动和工作的方式。

这听起来简单，但的确很难实现。委员会破坏的潜力十分强大。并不是说委员会最终会产生不好的结果，而是人们总是要开会，开会，开会；并且有没有取得进展并不重要，一个提供甜甜圈的会议就是好的会议。

### · 破坏者的最强工具

委员会可能造成巨大破坏，总是让人觉得很多工作都在进行当中，但实际上并没有人在工作。委员会让员工和工作看上去很有效率，实际上却掩盖了它毫无作为的本质，并耗费人们的精力。委员会消耗组织资源的独特能力让它成为潜在破坏的温床。

所以，虽然对委员会伪装之下的本来面目保持警惕似乎是一件麻烦的事——毕竟，如果你要将一项任务交给委员会，很可能是因为你自己没有时间处理——但多加留意绝无坏处。多运用像 RACI 和 4W 这样的简单技巧，可以帮助委员会保持高效率，并防止被破坏。

# 4

# 不相关事项破坏

★★★

"尽量频繁地提起不相关事项"

有一些人提起不相关事项的方式非常直接，无论是在一对一面谈还是小组会议当中：他们利用一切机会给谈话注入乱七八糟的故事，而避开应该谈的事情。他们一般会说："你知道的，这让我想起了有一次……"这类人比较容易被发现，而且如果他们的玩笑话浪费了太多时间，阻止他们也是件容易的事。

但他们不是你要找的不相关事项破坏者。事实上，很多时候，我们的闲话和漫谈都是好的。它们可以消除交流中的疲劳，就像久坐后花一点时间站起来伸伸懒腰一样。它们构成了人相互联系的基础，让我们能够更好地合作，也帮助我们形成强有力的团队。我们的确想听听同事家里那只小狗的趣事，我们也想听听上一次老板去芝加哥出差时发现的那家不错的餐厅——尤其是如果我们自己也要去那儿的话。我们可能不想在一场时间紧迫的谈话中听20分钟无关话题的长篇大论，但我们确实需要闲聊。而且如果有人聊个没完，那么就像前面说的，让那个人闭嘴也很容易，只要说：“我很想听你说说这些事，但是等会儿再说可以吗？咱们先把会开完。”

真正的不相关事项破坏者的所作所为完全不同。他们是专业的欺诈师。这意味着，他们让人们误以为他们在做某件事，而实际上他们在做别的事（魔术师应该嫉妒他们了）。破坏者让你相信他们讲的话与工作相关，而且非常重要，但事实上他们讲述的内容偏离主题，无关紧要，甚至不合时宜。他们不知道自己在进行破坏，所以他们的真心和诚意坐实了破坏。而且人们被干扰之后会不知不觉地脱离原轨，因为大家都只相信自己的所见所闻。

不相关事项破坏带来的后果十分复杂，它不仅浪费时间，还会让人们误入歧途，对首要任务和问题以及工作内容的理解产生偏差。这会引发不必要的紧张，破坏团队成员之间的关系，因为每个人都会试图找回团队交流的重点，但是却发现大家越来越难以达成一致。

这就是为什么理解并阻止这类破坏非常重要。

**· 就像是错觉**

一般来说，在某人想要将当前的工作与过去发生的事情进行比较时，不相关事项破坏就开始了。他们这样做可能是为了强调，比如“我们需要在过去的错误中吸取教训”，或者“我们要在别人的错误中吸取教训”。但是在这种情形中，通常在场的人会默认这种对比是相关的，而不会停下来思考它们是不是风马牛不相及。

拿来做比较的对象或者是一场灾难，或者是值得学习的竞争对手。比如，当地一所高中的家长教师协会召开了一次会议，一开始大家就舞会上应该有多少监护人的问题进行讨论。这时有人说："皮尔斯高中舞会结束后举办的派对，简直乱成一团。监护人们都聚在房间的一角，听说有两个出口完全没人管。"但是，会议上大家讨论的是舞会，而不是舞会结束后的派对，而且皮尔斯高中向来因派对风格狂野而臭名昭著，而当地的这所高中则以低调而闻名。

通过将高中舞会与另一件与舞会相关但类型完全不同的事相比，破坏者用更大范围的内容将谈话升级了，例如，是否应该举办舞会结束后的派对？甚至是否应该举办舞会？会议脱离了轨道，彻底失败了。

无心破坏者提出不相关事项的另一个办法就是引入一个"紧要问题"。破坏者将这紧要问题引入谈话中时，往往相信自己将会通过提出这个值得深思的问题来引起他人注意并拯救这场会议。例如，在讨论公司延长保修期限的会议上，有人说："我刚刚看了最新的客户服务回访的结果，有一个问题我们得马上谈谈。"讨论随后转到了客户服务的质量问题上——尽管会议的要点完全不是客户服务。因为没有人为客户服务的话题做准备，讨论变得没有任何效率。同时，也没人再理会延长保修期限的话题，整个团队都忽略了他们这次会议为何而开。

有时，无心破坏者通过提起一些附加事项来引入不相关事项。举个例子，五名志愿者计划为一个全国性的服务机构在当地的分支机构举办一场颁奖晚宴。每个人都集中精力为晚宴主题出谋划策，除了丹，他的注意力不是很集中。丹有心事，他觉得这比选主题更重要。丹的女婿刚刚被任命为邻镇的一个会议中心的经理，他感觉这是帮助女婿的机会。所以他出人意料地说："我觉得，在想主题之前，我们真的应该好好想一想在哪儿办晚宴合适。"

其他志愿者崇拜地看着他，说："说得对！丹，你说得太对了！我们怎么能在还不知道场地信息的时候就研究主题呢？会场的装饰、音乐，以及食物供应都会对主题有影响的。"

问题是，其他志愿者没有意识到丹正在做一件我们叫作"择地起诉"的事情——为满足自己的诉求而寻找支持者。如果再有一位无心破坏者提出附带问题——假设玛丽最好的朋友的女儿在一家与该会议中心有竞争关系的场地工作——那么会议最初的议题会在经历无数次被打断后，再也得不到解决。

**·阻止并解决不相关事项破坏**

如果没有准备好将不相关事项破坏扼杀在襁褓中，那么就很难应对这种破坏。在一场热烈的讨论中，尤其是会议中，不相关事项破坏可能会绕过雷达。等你发现的时候，已经太迟了，再也无法将大家带回到最初的话题中。下面几个技巧能够帮你在最开始就避免这种破坏。就算破坏发生了，也能立刻发现并阻止。

1. 确定共同的目标

简单明确地指出讨论或会议的目标，并将它时刻摆在首要和中心位置。老奥利弗·温德尔·霍姆斯☆曾说过：“仅是放弃浮华和欲望，我对这种简单的生活不屑一顾；超越自我，拥抱生活，我愿为这样的简单倾尽一生。”很明显，他强调的重点是“超越自我”的另一种“简单”。

☆ 老奥利弗·温德尔·霍姆斯，19世纪的一位美国医生、诗人。

假设你是一位网店客服经理，想为“优化客户体验”召开一场会议。参会者知道为什么需要优化流程吗？他们知道你说的“优化”到底包括什么内容吗？他们必须在开会之前就知道这些信息，这样才能考虑好在会议上讨论些什么。

如果参会者不知道会议的重点和目标，他们可能会提出一些问题，引入一些他们自以为有用但实际上无关的信息。客服经理应该考虑在会议之前就让大家知道会议的方向，可以提前提供以下信息：“我们当前采用的方案的成本一直在增加，咱们开会讨论一下该如何优化工作流程，在节省一些成本的同时保持高质量的客户体验。”

在会议或小组讨论之前就明确目标不一定每次都能实现。如果不能，就用会议开头的时间明确目标。假如你主持的会议需要讨论终止一个项目或处理一个难题，那么抽出一些时间让整个团队就会议的目标以及项目或者难题的问题达成一致，就更加重要了。

哈特福德保健集团是康涅狄格州的一家大型医疗机构，接待过数百万的患者。集团的首席运营官杰弗里·弗拉克告诉我们：“在解决某个问题的初期，会有一些神奇的时刻，团队中的某个人精确地指出重点所在。有时只是一个短语，有时只是一两句话。但是这完全可以让所有人明白，所有人也都对问题有了共识。”

一旦你们有了共识，就很容易发现是谁在跑题或在不经意地破坏团队工作。

### 2. 理解并向大家解释团队活动的隐含信息

当某人提出（或抱怨）某些事会影响他们而实际上并

不会影响时，不相关事项也就悄悄地潜入到了讨论中。

所以在会议开始之前，你要保证自己已了解团队活动的所有隐含信息。画一个表格，将信息列在一个简单的模板中，或画一个图。就算图表不能填写完整，你也要提前进行这个流程。这样的话，当某人问起“我手下的人怎么办？这会对他们造成什么影响？”或者某人抱怨“这项决议会彻底打乱我另一个团队的计划”的时候，你就可以做出应答。

比如，假设你是一个体育联盟的市场公关负责人。联盟中有一半球队的名字是几十年前确定的，现在看起来有些政治不正确。你了解如果今年不在球队名字的问题上采取一些行动，那么可能会对联盟造成严重破坏。所以你想出了一些新名字，并且得到了联盟高层领导及其他经理的认可。但是这时，当你准备向整个组织宣布更改名字的时候，有人大声提出了抗议。

如果有人说：“我们已经定制了球衣、帽子以及其他周边产品！你知道重新做这一切要花费多少资金吗？”那么这个人确实提出了一个相关的事项需要你认真解决。

假设对新名字提出反对意见的人的理由是，改名的决议产生之前应该先问一问被旧名字冒犯的组织，或者新名字将会影响到哪些过去在联盟内投资的商家的利益。此时如果你很明确当前的问题，并且你知道你的决定对组织的其他部分的影响，你就会发现反对者是在尝试不相关事项破坏。是的，反对者的本意是好的，但是你要知道这个事项和当前讨论的话题并不相关。你应该马上说：“不，你讲的与我们讨论的话题无关，这是另一次会议的主题。”

### 3. 确定节奏、形式和流程

任何有一定规模的会议（七人以上），都要提前或在会议开头确定并且检查会议的基本规则：会议要持续多久？每一个事项要花多长时间讨论？会议应该是正式的，还是非正式的？谁应该发言？我们知道一些运作得很好的组织真的会把这些规则贴在会议室的墙上。

如果你没有这么做，你会发现会议最后就像计划失败的结伴公路旅行。你们都坐在车里，一直向北开，但是有的人在走高速，有的人则走了一条风景优美的路。

确定基本规则和决定会议目标不一样，因为确定基本规则主要与会议形式有关。很多定期举行的会议都对形式有着无须言明的规定。比如，有些公司有午餐会议，这是一种用于进行头脑风暴的非正式会议，所有人都可以参加。还有一种每日总结会，一般迅速而高效，对其他附加问题零容忍，只是在每个人去赶地铁之前确认一下都做了什么工作，还有什么工作要做。你的组织可能对特定类型的会议有着多种多样的“规定”，但新员工很快就能了解（触犯这些规则时会遭他人白眼），不相关事项破坏者也就比较少见。

而非常规会议则很容易遭到效率破坏，因为这种会议的形式不确定。你的目的可能是快速完成七项议程，但是其他人可能将这次会议看作是与其他好久没见的同事们熟络的机会。你的预期可能是迅速做出一项决议，然后花些时间分享对另外一项议题的深入又简洁的想法，而其他人则可能会将这次会议看成是做出其他决议的机会。破坏者都喜欢模糊不清的状态。

明确会议首要任务很重要，提供会议指导很重要。可以说些题外话，但是要指明能容忍题外话的时间和场合。

### 4. 创建会议流程的模板

当你定期和团队一起完成一个目标，或者要在一段时间内完成一项复杂的任务或一个涉及很多步骤的项目时，随时记录就非常重要，要随时记下项目的时间节点以及每项任务的负责人。流程模板就是这样的一个流程表，帮你从一个节点到达另一个节点。它会告诉你这次会议该完成什么，下次会议该完成什么，也会帮你保障项目进度，防止倒退或走偏。它可以预防不相关事项破坏，因为每个在场的人都知道此时此刻要做什么。

对于有特定目标或截止日期的团队，创建一个项目日程表，即写明目标、截止日期、重要事项的工作计划，也非常重要。一张简单的表格就能做到这一点。再次说明，这样简单的技巧是为了让所有人都不偏离主题。这样的表格也能让所有与会人员指出谁在进行不相关事项破坏。一张明晰的日程表，一个明晰的计划——这些工具能够有效地避免不相关事项破坏者。

## 5. 指定一位内容裁决者

防止不相关事项破坏的另一个有用的技巧就是在每次开会时指定一名内容裁决者。当有人提出不相关事项时，不管是糟糕的比较、“紧要问题”，还是附加事项，内容裁决者都要出面干涉，然后将会议重新拉回到会议的主题上。

在第二章我们建议会议设立一名计时员，以防止长篇大论演讲者和其他人进行演讲破坏。内容裁决者扮演着相同的角色，但是关注的重点是内容而不是时间。如果会议规模很大，需要指派计时员和裁决者，那么最好分别指定。这样做能够减轻他们维持会议方向的压力。（扮演“坏警察”并不容易！）但是对于一些中小规模的会议来说，这两项工作可以由一个人完成。

有了内容裁决者，任何人都可以提出他们认为与会议相关的事项。会议是开放、自由的，与会人员不用害怕开口。如果他们不小心提出无关话题，内容裁决者可以重新确定谈话的方向。与会人员会明白如果裁决者出面干涉了，并不意味着他们的议题不重要，只是他们提出的议题与会议的主题不相关。（这时，下一个工具，“停车场”就可以起作用了。）

注意：除非你的团队非常小（少于5个人），否则不要让老板做内容裁决者。老板在会议中扮演的角色已经够多了。而且如果让掌管全局的人做了内容裁决者，其他参会人员可能不会发言。

### 6. 开设“停车场”

“停车场”是可以停放不相关事项，以便于在其他时间再做考虑的地方，它是内容裁决者的好伙伴。这个方法可以避免“斩杀来使”的问题，既可以让指出破坏的人不背黑锅，也能同时为提出附加事项的人提供一个合理的讨论空间。

如果有人提出一个不相关事项，裁决者可以说：“我知道你说的是什么，很明显你对此很重视，不过我们先放一放，等会议要结束时再讨论 / 另一次会议时再讨论。今天的主题不是讨论这个。”然后将其放入“停车场”。为不相关事项创建一个“停车场”能够为无心破坏者挽回面子。他们的观点被尊重，只是需要在一个更合适的场合、更合适的时间重新提出。

但是，裁决者需要格外注意何时或在什么场合下破坏者可以再一次提出他们的议题。注意不要将太多的议题放入“停车场”，也尽量不要怂恿提出不相关事项的人在会议结束时再次提出。也许有些人可以不参与不相关事项的讨论，进行一对一的谈话效果会更好。

如果你把事项放入“停车场”，随后必须要记得处理。有些人可能发现提出的意见被放入“停车场”后遭到忽视，因而产生负面情绪，以后就不再提供任何相关信息了。那样一来，你手下就多了一名故意破坏者。

**· 小心风马牛不相及的比较**

在前面我们提到了一个“风马牛”之间的比较，现在再想一想这个问题。假设你说：“我是这里最高的人！”好吧，可能的确是这样，但这个是相关信息吗？如果是在你七岁时，你有志于进入洛杉矶湖人队打篮球，需要了解职业篮球的规则，那这句话就是不相关的。

想一想，公司雇佣一个员工会付出多少成本？一家全球能源公司最近计算出，他们雇佣一个人大约要5万美元的成本。这是一个绝对数字，听起来是合理的，但是真的是这样吗？

相比而言，五年前这个公司雇佣员工会花费多少成本？如果这个公司曾经雇佣一个员工要付出6.5万美元成本的话，那的确是一个进步。但是，这个信息是相关的吗？还是这只是一个看似相关的比较？假设在过去，这个公司还没有变得像今天一样享誉全球呢？如果这个公司过去名声不太好，招聘员工非常困难呢？假如那时缺乏专业人士，所以雇佣成本更高呢？所有这些问题都能决定这一比较是否相关。但这还不是全部。如果其他有相似规模和国际影响力的公司一直花费得更多或更少呢？

当有人提出比较时，如果其相关性并不明显，那么就打断并向其询问。弄清楚大家是否对问题背景有着同样的理解，以及比较是如何提出的，这会帮助你完成任务。不要害怕，直接问："这和我们讨论的问题相关吗？"然后问："具体有什么关系呢？"

### · 镜中人是谁？

在破坏发生时立刻发现是非常困难的，当你自己是破坏者时，发现破坏行为就是一个更大的挑战了。

当你自己就是破坏者的时候，几乎是不可能发现不相关事项破坏的。这就好像你背后贴了一条标语，你是不会意识到其存在的。在高级管理会议开完后，负责市场的副总裁在离开时会拍拍你的背说："比尔，今天的会议真差劲。你能在讨论一个主题时保证 20 秒内不跑题吗？"

怎么才能知道自己是不是不相关事项破坏者？

找一个讲真话的人，一名顾问，一位会在关键时刻提供直截了当、诚实可信的建议的人。一般来说，这个人不会来自团队内部，因为顾问的饭碗不应受到你的影响。对于一位职能部门的领导而言，要邀请的顾问应该是在总部负责行政的人。他 / 她已经在公司工作很久，快要退休了，没有任何党羽，多年来见过很多同事从乳臭未干一路成长起来，已经能够应对自如。没有人让他 / 她扮演讲真话的角色，但他 / 她自己承担了这份工作，为领导在职业生涯的关键时刻提出坦诚的建议。

那么谁能做你的顾问呢？这个人也不应该是你的家人，或是你的直接下属。不过你可以问问团队以外的人，任何在你的工作领域有足够经验的人都可以。如果是在一个非正式的团队中，你可以让那些快要退休且有着良好声誉的人，或是如今已不再寻求晋升的领导做你的顾问。如果你在一个大组织内承担较高级别的工作，你应该考虑雇一个外部顾问，告诉这个人你需要他 / 她在和你进行交流时不要仅是给出暗示，而要直截了当地沟通。

当然，顾问不需要参与你每一次的会议，但这个人需要了解你的习惯。他 / 她的话你或许不是每一句都爱听，但是你一定要听。这就像拥有一名私人教练，或者食用更多高膳食纤维的食物，你可能不喜欢这个过程，但是结果才是最重要的。

**· 万万没想到**

很明显，战略情报局里负责撰写《简单破坏战地手册》最原始手稿的成员们花了很多时间剖析团队的工作，层层挖掘。他们可能也会用镜子观察自己，发现能够破坏组织并传播破坏的一些特点。谁能想到那些看似简单而又无害的跑题会对一个团队造成如此巨大的破坏呢？

他们列举出的各种破坏战术乍一看非常无害。例如，谁又能想到交流中会因词语释义的争议造成故意的巨大破坏呢？但它的确会，我们将在下一章进行说明。

# 5

# 争论破坏

★★★

“针对文本、会议记录和

决案的准确用词争论不休”

想来《简单破坏战地手册》的作者不会花太多时间为这本简短又重要的手册的遣词造句争论不休，也不太可能花精力去讨论“文本”一词是不是语义太模糊，应该改成“通知”更妥当。他们不会因为争论几条破坏法则的用词而耽误了出版进度。他们要打仗，还要打胜仗，不能浪费时间。

但他们希望，同盟国友军能通过对每个用词细节的争论不休，给协约国敌军造成巨大的损害。他们知道，即便是小事，累积起来也会损失敌方大量的时间和精力。时空跳转到七十年后，他们指导同盟军的这些破坏行动正在浪费工作团队的大量时间，并降低工作效率。

如果是为更好地表达文字内容，想要不知不觉地造成“争论破坏”就很容易。我们都知道，用词谨慎很重要。在数字化的今天，每个人都要和同事、下属、顾客、赞助商、合伙人、分析师以及股东们在各种渠道组成的迷宫内持续、快速地沟通。一个会造成误解的用词能在短时间内像病毒一样传播开来，为相关人员或公司带来长久的损失。要知道，网络上每年有超过 100 万亿封邮件，8.6 万亿条短信和 2, 000 亿条推特消息。数据量如此庞大，曲解原意实在太常见了。

无论是社交媒体、工作任务、政策法规、新闻发布、会议纪要还是决议草案，人们对文本中的遣词用句的争论都会引起严重的沮丧、失望、记恨等负面情绪，或导致计划延误。如果要问什么时候追求完美有错，无疑就是这个时候。

看看乔治的例子。乔治和同事们坐进会议室里，将他起草的备忘录发给同事，渴望得到反馈。他花了大半天写这份备忘录草案，觉得自己写得很不错。毕竟，这是一份充满爱心的工作，备忘录将发给全体教会成员，邀请大家参加一年一度的集资拍卖会。备忘录着重介绍了竞拍的商品、晚会活动及往届拍卖会的影响力，还招揽了志愿者。

然而同事们的反馈让乔治大吃一惊。没有人对备忘录满意。在讨论中的某一刻，竟然还有一场扯破嗓子的争论，“不仅……”后面是不是必须接上“而且”。（“为什么必需加‘而且’？”乔治问。“因为理应如此。”一位参与讨论的成员气愤地说道。）一个小时以后，乔治累坏了，其他人也是如此。更糟的是，备忘录变得面目全非。

当同事们一个个离开会议室时，他们把修改过的备忘录还给乔治，上面全是笔记，有涂抹，有惊叹号，在留白处还有满满的字迹。每个人都很不爽，认为会议是一场灾难。更糟的是，策划小组组长马克可能打算离组。临走前他阴沉地嘀咕，这场会要把他逼疯了。这是怎么回事？真的是因为亚克拉和马克为“随着发展”这一短语吵了一架？谁真的在意是该用“随着发展……”还是“在未来……”？这两个短语有多大的差别？乔治本来计划第二天发这份备忘录的，现在看来是搞不定了。

出于好心，没错。但是不是破坏行为呢？肯定是。

一开始，会议的目的是改进备忘录，但很快陷入负面情绪，成了破坏效率的行为。小组成员们接下来的工作都会带着负面情绪，容易分心。他们对乔治还有备忘录的失望可能还会转化为在工作中对待其他人的消极情绪，哪怕是跟备忘录无关的人。大家还会感到压力，乔治是因为耽误了工期，而其他人不仅因为浪费了时间而生气，也因为心中生出的挫败感。

现在我们试想另外一个场景，乔治把备忘录写成邮件群发给小组成员们。每个人单独回复乔治。他仍然会被大量的批注吓到，花许多时间思考这些反馈，考虑是接受意见还是拒绝改动。但他一定会说，这个过程是有益的。

克莱尔发现了几处语法错误；马克改掉了原稿傲慢的语气；宝拉修改了最后一段，让语气更诙谐，她还添加了一些重要内容（但乔治也有几条建议没有接受，包括这条在内）。在小组成员们的帮助下，修改后的备忘录有了很大进步，变得更加精练、准确，甚至更加生动。

如果群发邮件的话，乔治就不会是破坏效应的受害者。他把修改后的备忘录群发给小组成员，附上对所有人的感谢，并对部分修改以及未采纳的意见做出解释。他希望组员们能通读文稿，但也告知他们修改阶段已经过去，如果发现错误请及时回复，如无回复就视为同意发表，时间不等人。

两位同事当即便回复“可以发表”；其他同事第二天早上才回复，做了些小的改动。乔治整合了一部分意见，做出修改。他对最终成果很满意，也对小组其他的成员心怀感激。

在两个场景中，小组成员对备忘录的反馈是一样的。但在前面的情形中，他们扮演了争论破坏者的角色。而在后面的情形中，乔治的工作方法避开了这一陷阱。

**· 界定争论行为**

争论者们的付出可能是有价值且绝对有必要的。他们能推动人们思考，让人去发掘更有力的用词或者想法，甚至可能帮助人们把工作做得更加优秀。有些情况下，他们甚至可以避免可能出现的尴尬或恶果。他们只有在没人留意的情况下，才会不知不觉地成为争论破坏者，将身边的人拉入无休止的校订工作中。这种行为可能会挫伤原本情绪高昂的工作状态，并拖延工期，让在场的所有成员（以及等待结果的其他工作人员）烦闷沮丧，互相埋怨。

这就是为什么从一开始就留心他们十分重要。争论破坏者主要有三种人：

1. 固执己见的辩护者

最常见也最能吵架的要数辩护者。这类人可以在任何事情上争论起来——一个用词，一个句子，或者全文语感。

就像傲慢的猫守卫自己的地盘一样，辩护者难以抵抗“批改”文件的诱惑，哪怕是一封邮件或一场会议记录。但一般来说，这些都不一定造成破坏。如果辩护者可以激励团队提升工作质量，指出文本结构上的缺陷，他们的贡献就可以带来巨大收益。

如果辩护者始终执着于自己的观点，甚至在小组成员明显反对的情况下也不愿意开始讨论下一个话题，那么他们就成了争论破坏者。辩护者的心理是这样的：“如果我再重申一遍我的观点，也许就会有人站在我这一边了。一旦有人认同我的观点，整个团队一定都会跟着我的想法来做出改变。”

（还要注意，如果辩护者反对每一个已成文的文件决定，他们可能就是在有意识、有目的地破坏。他们无法阻挠进度，只能针对文件本身展开攻击。）

## 2. 斟字酌句的推敲者

推敲者提出修改的本意是让文本更明确，特点更鲜明。有时候，推敲者的意见极具价值。比如，美国联邦航空管理局官网上，曾用这样一句话介绍降低飞鸟撞机概率的项目：

“在美国，每年动物撞上交通工具造成的损失超过3亿美元。”

这句话到底是指什么？是专指鸟撞飞机，还是包括其他动物？造成的损失是只包括飞机的修缮费用，还是也包括了航班延误或取消造成的经济损失？推敲者最有可能发现一句话将造成误解，并提出一个意思更明确的句子。而事实上，这句话现在被从官网撤了下来，可能真有推敲者发现了问题。

推敲者从简单无害的建议出发，只要求修改一两句话，比如，“我不太喜欢这种说法，也许我们可以这样这样改，或那样那样改”。但是如果推敲者反复提及用词的问题，而小组成员一致决定先搁置这个问题讨论下一个话题时，继续推敲的人就变身为争论破坏者。

试想在一场讨论撰写战略计划书的会议上，一开始，大家精力十足，充满激情，各种新奇的想法喷涌而出。但是，这一切都在推敲者出现时烟消云散。组员们开始对计划书中的各种词句争论不休：是应该写“服务于客户”，还是应该写“对客户有求必应”？应该写“具有革命性的”，还是应该写“卓越超前的”？随着大家开始思考用词遣句是不是真的有用，会议气氛会变得越来越差。

### 3. 专横霸道的语法家

这类人喜欢从第一句开始，检查个不停，逐字逐句地指出语法、拼写和标点的错误。他们眼里看不到任何有关文本内容的本质的问题。他们批判的是语法错误，企望每一句话都能和他们对句法以及语言的理解相符。他们不仅修改那些所谓的语法错误，还要确保每个人都明白被打破的语法规则本来应该是什么样的。

语法家们会说些这样的话：

“第一句话得用冒号，在列举时一般使用冒号。”

“第三段第二句的双重否定用得太别扭了。”

“第三页的最后一段，‘我夫人和我’不对，应该是‘我和我夫人’。”

“第三页第二段第四句话，你使用了分裂不定式。”

☆ 分裂不定式就是在to和不定式动词之间插入副词，是一种非正式的英语语言习惯表达。

诚然，语法和标点符号的正确对于信息的准确传达非常重要。保证校对工作质量也是必不可少的。其实，如果这些揪着语法不放的人真的懂语法问题，并且能妥善记录，将为整个团队挽回不少颜面。

那什么情况下语法家会成为争论破坏者呢？那就是，在一两处订正之后，他们还没完没了地纠错，而且只涉及语法或标点，没有其他任何有建设性的意见，这就是在进行争论破坏了。由于在语法家们的眼中，每个意见都同样重要，所以他们不会对这些修改意见排好优先值，或提出其他不同角度的意见，而是要让每个人都明白每一个改动的基本原理。这样下去，过不了多久，组员们就会变得目光呆滞，会议室里也会气氛低迷。

辩护者、推敲者和语法家都是工作中常见的爱争论的人。我们深知，爱争论的人肯定还有很多种。其实，一次会议里出现好几类这样的人也很正常。我们多次见过会议中几个推敲者来来回回地推敲一份文件、备忘录或者提案中的每一句话。

还有比这更烦人的，那就是这些争论破坏者往往受人怂恿。罪魁祸首是我们自己。

### ・万不可助长争论破坏

通常情况下，号召大家给出反馈的那个人往往会煽动人们参与争论破坏。他们一般会犯两种错误：

#### 1. 提出错误的问题

在需要给出文书反馈时，例如对备忘录、提案、信件之类的反馈，领导很可能只会简单地问："你有什么意见吗？"这个问题尽管简单友好，但对任何人来说都是个明确的邀请，尤其是鼓励了争论破坏者提出一些笼统又没重点的问题，或者是找出一些没必要讨论的细枝末节。

举一个发生在玛丽身上的例子。她是一家消费品公司的市场部主任，想要收集意见来修改一封有关几个参与市场推广的新产品的邮件。可惜的是，她在会议上这样询问她的同事们："你们对这封发给客户的产品推介信有什么意见？"玛丽这一问，就像给饿狼扔了一块肥肉，各种角度和维度的问题反馈蜂拥而至。

约翰，一位语法家，提出“邮件的时态不一致，全文应统一使用一种时态。在第一句话中应该使用分号而不是逗号”。

巴里，一位推敲者，一下子给出了五条修改建议，每一条都是调整语序，要把后面的放到前面说。

还有吉尔，一位辩护者，提出了更多的更换用词的建议。每一条都被玛丽以改变句意为由否决了。20 分钟以后，吉尔还是强硬地坚持自己的意见，玛丽只好提出让小组成员们换一个话题。她呵斥道：“吉尔，我们讨论的是这封邮件的文本，不是想改变邮件传达的意思。”吉尔终于安静了，心里却十分恼火。

其他人没有气馁。讨论又没完没了地持续着，直到一个小时后，疲惫不堪的玛丽叫停会议。她收集了成堆的意见反馈，但没有一个是她和小组成员们真正想要的有关市场推广的意见——这封群发给消费者的邮件是否足够吸引人，能让 20% 的收件人看完后花钱购买公司的新产品？如果她的问题能更加具体地针对她所期待的话题反馈，那就好了。

## 2. 未给出结束讨论的明确指示

第二种煽动争论破坏的情况就是在收集反馈的过程中遇到反对意见，却没有给出结束讨论的明确指示。一般来说，一个团队对文本的反馈分为两种：所有人，或者绝大多数人的意见，和少数反对者的意见。第一类反馈比较容易处理，达成共识十分简单。然而，第二类意见会让小组陷入无休无止的争论中。而且争论战线拉得越长，人们达成共识的可能性越小，气氛也会越加低迷。更糟的是，在大家都不知道如何达成最终决定时（缺少完结机制），会议室里的气氛会越来越紧张。

看看布莱克的故事。他是一家大型投资公司的战略部主任，想要完成公司最新的战略计划书——一页可视化内容，包括接下来三年里公司的任务、目标和主要战略部署。

在这次会议之前，他和他的组员们已经开过多次会议来完善战略计划，咨询过30位资深的执行官和公司其他股东。现在，布莱克站在30位执行官面前，他要确保这30位执行官接受新的战略计划书，因为一周后计划书将递交董事会。他提出问题："计划书上还有什么需要改动的地方？"

几个人举起了手。布莱克积极主动地在白板上记录了每一个建议。小改动都大同小异，但有几个大的改动互相矛盾。词句推敲者和辩护者在会议室里大行其道，布莱克用尽九牛二虎之力也没能让所有人达成共识。

时钟嘀嘀嗒嗒地往前走，会议室里气氛越来越压抑。布莱克很苦恼。他奇怪这些人为什么对这些问题如此执着。他认为自己在撰写计划书之初就给了他们足够的时间提出意见，但很显然，他们还有很多意见要提。他该怎么做来引导执行官们达成共识，让计划书赶上董事会的提交日期？还有可能赶上吗？

布莱克的确应该把会议时间提前，董事会提交日期前一周无疑是不够的。但我们还要问，为什么他的小组之前收集过意见了，但最终却无法达成共识？问题在于缺少一个明确的完结机制。换句话说，在计划书撰写陷入僵局时缺少一位最终拍板做决定的人。是首席执行官？是布莱克自己？还是组织投票少数服从多数？布莱克和他的小组没有弄清楚这个问题，于是争论继续着，不知何时结束，没人清楚地知道如何解决。

**· 叫停争论**

在工作中发现争论破坏者时，应该阻止他们继续破坏，以防争吵的负能量蔓延。不然，负面情绪的矛头可能指向你，尤其是当你就像布莱克一样，是撰稿人，需要组织大家提供反馈意见，又面临最后定稿的时候（哪怕一开始你给了大家争论的机会）。我们为你提供如下两种方法来及时解决争论破坏：

### 1. 提高标准

一旦你意识到有些人已经越线，不再提供有用的意见，开始为文书或者文件中的用词造句争吵，那就打断他们的交谈，让他们把自己的主要观点一一列出，尤其是目前阶段最让他们怒火中烧的地方。

一家连锁零售公司的人力资源部主任简就是这么做的。在一场讨论通过一项公司新政策的会议上，组员们的争吵让大家的负面情绪越来越多，她及时地采用了以上策略。简说：

“大家的反馈我很受用，但我觉得这份文件还经不起大家这么仔细地推敲。为了更方便大家交流，我希望你们能写出三四条对这份草稿的主要观点，并在纸上写上姓名，交给我。‘主要观点’是指你们觉得这份文件中不得不修改补充的地方，即那些如果不修改，定稿之后我们一定会后悔的地方。还有那些像‘地雷’一样具有潜在危险的语句。”

15 分钟以后，简收到了 8 张纸条，每位与会成员都交上了一张，上面写着他们认为“必须做到的”代表性修改意见。在接下来的三天里，简审阅了这些意见，在文件中做出了相应的修改，提出了新的疑问，找到了反馈里意见统一的地方，也面对面地与意见人交流，解释为什么这些意见没有被采纳。

### 2. 重建对话

如果你看到人们开始争吵，另一种解决方法是为成员间的交流提供新框架，点明你所需反馈意见的侧重点。这条策略十分有效，能确保得到的反馈是你真正想要的意见。

布莱恩是一所私立学校发展部门的主任。他和他的组员还有学校发展委员会的成员们正在讨论撰写一份发给学校所有成员的信件，内容是有关学校最新的筹款计划。这封信件的目的是要开展一项 500 万美元的筹款，用以升级学校多处设施。校董事会已批准这一计划，认为资金能起到作用。在学校一百年的历史里，这是筹款额度最多的一次。筹款计划包括了电话筹款、社会集资以及组织一系列活动。布莱恩的小组已经花了好几个小时研究各项活动。现在他需要发展委员会对这封信件提出具体的意见，为未来的筹款奠定基调。

会议开始了，布莱恩组织大家从头修改信件内容，争论立刻出现。一个委员会成员对信件开头某句话的用词表示不满，第二个人反对他的观点，第三个人认为结束语要更有力，第四个人认为结束语写得还不错但需要详细介绍学校有哪些需要更新升级的设施，还有人认为信件中的细节太多了。争论持续了30分钟，布莱恩已经感觉到气氛越来越紧张。所以他决定为大家的讨论换一个框架，引导大家给出他想要的建议。他说：

“在剩下来的30分钟里，我们要尽可能高效地利用时间。我希望大家能针对信件整体基调给出建议，因为它将影响整个筹款计划的基调。信件的语气会不会太有攻击性，又或者不够有力，还是刚刚好？这项筹款计划对学校非常重要。我们之前没有相关经验。所以你们对这一问题的反馈将具有极高的价值。”

很快，会议成员的讨论变得更具针对性，布莱恩也开始收获他希望从委员会中得到的建议。他明白了，信件最好语言简洁，这也是他的最终决定。但他还是需要委员会的指导，让他明确信件的语气到底应该更为强烈还是更加委婉。他意识到，在讨论之初他就应该先明确这一问题，幸运的是，最终他还是得到了他想要的反馈意见。

**· 避免争论**

为了尽可能降低出现争论的可能性，你需要花时间来打磨文本，无论是备忘录、提案还是信件，尤其要在撰写过程中就留心收集反馈意见，不要马虎。很多时候我们会发现，经验老到的经理人在写文稿时会全神贯注于写作本身：读者、关键信息、结构。他们认为收集关键人物的意见反馈是之后的事。

高质量的文本归功于允许大家提出各种意见，并且重要的观点可以在写作过程中得到充分讨论。但如果方式不对，争论破坏者现身的概率就会大大提高。所以，带着目的、细心周到地思考怎样让大家提出意见，给大家创造一个讨论的平台，会帮助你将争论破坏的危害降至最低。

你可以考虑以下方法：

### 1. 写作前定下计划

在你动笔之前，应该先花些时间做计划，无论是简单的新闻发布，还是重要的客户通知。确保计划中的每一个步骤都清晰明确，包括写作、修改和征求同意。主要步骤有哪些？有谁会参与写作？各负责什么内容？在修改时应该征求什么样的意见？每个步骤要花多长时间？

在着手之前，把计划给重要的利益相关人过目，让他们提出问题或者做出修改。计划不需要非常复杂，它只需要定下目标，这样他们能够清楚地知道每一步会达到什么样的效果，在什么时候可以给出建议。

## 2. 选择相关人员

在你着手文本写作时，应该仔细思考哪些人的意见需要在哪个节点被采纳。有些时候，你需要很多人的意见，有时候，只需要几个人的意见即可。思考谁应该在什么时候参与，可以参考以下方法：

通常，在文本写作初期，你需要他人提供大量的灵感和一些新颖的观点。如果你的目标是收集到尽可能多的观点，那么人数多一点的工作小组，大约 10 到 20 人，是得到灵感的最佳来源。例如，一位保险公司市场部门的领导想要更新公司的网站。他花了一天时间，从公司各个部门结集了 20 位同事，听取他们的意见和想法。他们组织了圆桌讨论和自由讨论，从不同角度收集网站用户对网站页面、信息点、信息结构和内容的意见。讨论过程中没有做出决定，但激发出了许多灵感。

在撰写备忘录、提案或者网络文稿的过程中你还需要他人的意见，或者需要更换写作思路，可以组织小一点的团队，6 到 12 人足矣。很多时候，参与讨论的人没必要太多，人太多容易降低效率。邀请少数几位关键的人物，千万不要把每一个人都拉进组里。

如果到了需要做出决定的时候，那么会议的成员最好也限定在能够拿主意的人之中。要记住，不仅仅是在写作结束后，在任何时候你都可能需要一个能拍板说话的人。这里的经验是，参与的人数与会议的决断能力呈负相关。所以当你需要做决断时，参与讨论的人数最好控制在3到6人之间。

### 3. 明确所需意见

就像之前玛丽的例子，如果只提出一个简单的问题："你们对这封发给客户的产品推介信有什么意见？"，你将从小组中得到五花八门的评论，而你真正想要的意见却不一定出现。这是滋生争论破坏的温床，培养出辩护者、语法家和推敲者，他们会现身，浪费你宝贵的时间。给问题定个范围，讲清楚你需要什么样的反馈，同时也明确你不需要什么样的反馈。如果你有确切的想要的建议，那么直接询问会议成员。此外，如果你不需要关于某些问题的意见，就不要把问题摆上台面，或者换一种方式让大家单独向你反馈。

### 4. 参会前发材料

大多数人参加收集反馈的会议时，到了现场才第一次接触讨论的材料，只有几分钟来审阅，却要马上说出自己的想法。这导致了两个后果：首先，意见的质量可能要打折扣，因为每个人对材料进行思考的时间很短。其次，参会人员在会议结束后才想到其他更为重要的意见的可能性更大了。这样一来，他们很有可能会在下一个步骤里加入自己的想法，他们才不管那个时候是不是修改校对的时候，而铁定会抓住机会给出自己的意见。

为了避免这样的问题，把你需要收到意见的文本草稿提前发给大家，无论是备忘录、方针政策还是提案；无论是在会议前分发，还是以邮件形式提前发送，一定要给大家预留时间准备。

如要组织会议讨论，就在通知中告知参会人员提前阅读材料，这样“我们可以高效地利用时间讨论材料中的问题”。通知中应该简单地罗列出在阅读过程中需要思考的问题，以及最终该给出哪些方面的意见。

这种方法较为简单。比如，我们的一位客户最近发了一封邮件召集大家参加一周后的修改会议，并附上了亟待修改的战略文书。他号召参会人员思考一个问题：“如果公司的经营与文书中的内容相悖，我们还能达到三年内将规模扩大一倍的目标吗？请大家在会上对此问题提出自己的想法。”

另一位客户想要彻底地、一字一句地校对一份即将提交给董事会的备忘录，已通过邮件收集了包括语气、文体、语法在内的修改意见。她又将草稿发给了5个人，让他们在三天后给出自己的修改意见，并在截止日期之前把稿子发给她。

在这两个案例中，由于参会人都在会议开始前几天就收到了要讨论的素材，他们给出的意见质量较高，会议上的讨论也比较有针对性，争论破坏没有出现。

### 5. 找伙伴帮忙校对

在把文本草稿发给众人评鉴之前，可以找几个你信赖的人审校一遍。这些人先校对一遍草稿，以防你被人指出低级错误而尴尬，避免语法家出现。最重要的是，他们还可以站在目标读者的角度上提供坦诚的反馈，避免某一段或者全篇文稿文不对题。

### 6. 明确最终决策人

一定要弄清楚最终拍板批准文本分发、出版、传播的人是谁。这和一个报社不同部门有不同的编辑是一个道理，有的要负责头版，有的负责专栏，还有总编。很明显，最终拍板的人是总编。当大家都知道最终决策人是谁时，一般就不会陷入无休无止的争吵之中。适当的讨论可以激发一些不同的想法，但当讨论结束，一定要让大家知道，谁会做出最后的决定。

当然，不同类型的文本写作会对应不同的讨论方式。有些只需要四人小组校对，有些则要广泛地发到每个员工手中来收集意见，有些甚至还需要法律专家来审查。你可以根据自己的需要，简化这些步骤。

**· 未雨需绸缪**

我们的一位客户曾说：“我们学过马斯洛需求层次理论。人的需求分为生理需求、安全需求、爱和归属感、尊重和自我实现五类。然而，没有人意识到人有第六种需求，一种隐形的需求，那就是校正别人文字的渴望。”对文本的争议是自然而然的，我们自带这种争吵的基因。不幸的是，争论过头也是我们固有的习性。当你遭遇一场争论时，一定要及时阻止，以防出现争论破坏，使痛苦和埋怨蔓延。但最好的做法是，从一开始就预防争论破坏的发生。

# 6

# 复议破坏

★★★

“回到之前会议中已做出决定的事项”

“当真？要重来一遍？不是已经敲定了吗？我宁死也不想再讨论这个问题了。”

当你的组员试图重新讨论已经决定了的事的时候，你有过这样的想法吗？我们都有过。

尽管翻旧账是挺讨厌的，但你的第一反应不是把这种行为当作一种破坏，你会先感到失望，随后做出屈从的反应：“我还是听听他怎么说吧，也许真的很重要。”而问题在于，很多时候，一旦开始倾听他 / 她的意见，就直接打开了曾经的话题，更有可能的是，做结论的理由也没有当时看上去的那么充分。可能由于他 / 她的满腔热血，也可能由于你缺乏信心，加上大家时间紧迫，你的判断会受到影响。如果发生这样的事，尤其是多次出现这种情形时，你面对的就是一场破坏，一场会造成短期影响和长期后果的破坏。这也大概是“复议破坏”在战略情报局的《手册》中能脱颖而出的原因：现在予以未来的打击。长效的破坏是最好的破坏。

**·复议破坏的后果**

在短期内，复议可能造成负面的情绪，还容易让人糊涂。比如，如果以前的决议被拿出来重新讨论，但并没有咨询曾经做出决定或者参与讨论的人的意见，背着他们重新讨论他们已经讨论过的成果很有可能会让他们心生不满。他们还可能会因此破坏新决议——这次可不是随意无心的破坏，而是直接、有意的破坏。

而且，所有基于以往的决议或者之前定下的规划做出成果的人都有可能浪费了时间，失去工作重心，不得不换个方向重新来过。所有按以前的要求工作的人都要停下重来——放下手头工作，甚至要撤回部分已经完成的工作。可能他们都已经下过订单了，都已经联系过客户或者买家了，甚至可能都已经做好下一步计划了。如何彻底撤销重来？这可不容易，很有可能出现漏洞，导致更多的问题。

复议某项决策还会导致工作停摆。每个与之相关的后续活动（包括往后的计划，以及将要讨论的议题）都得停下来，让人重新思考，甚至完全改变方向。那些原本该讨论的议题又该怎么办？只要有人提出“我们该重新想想这个问题”，很多事情就都会乱套。

就好比你要装修房子，已经完成很多工程了。水管已经安好，电路工程也差不多做好了。装修队工长通知你接下来要装修厨房。两天后，你的爱人突然告诉你说，他希望把厨房通向二楼的楼梯改到水槽的另一边。你转告装修队工长你们要重新规划楼梯，过几天再告诉他你们的最终方案。

这时，装修队工长开始焦虑了。装修队必须得停下手头进行的全部工作，等你和你的爱人给出最终方案。工长还得和卖楼梯的协商，由于更换了楼梯的位置，可能材料用量也会有变化。铺电路的也得暂停，因为可能会重新打墙。装修队的每个人都会心情低落，在焦灼忐忑中等待你的指挥。如果直接就定好更换楼梯位置，不会更轻松、高效、经济吗？当然会了。

翻旧账的长期影响更严重。你的团队里如果有人特别喜欢重提以前的议题，对他们来说只是动动嘴皮子的事，但其他人也会如法炮制。最终，你的团队会养成两个坏习惯：第一，大家会慢慢地变得不敢做决断，哪怕是小决定。反正最后都会被推翻，那为什么还要草率地先做决定呢？第二，一旦做出了决定，在执行决议时人们会因为害怕（或者预计）以后被叫停、撤回、调整工作方向，而犹豫不决。也有可能他们会完全不理会决议，尤其是他们不认同这个决议的时候。

到处都有类似的情况发生，无论在校董事会，在各类委员会里，还是在那些以不作为而闻名的公务员中。我们见过很多团队接手一个项目时都不会马上开始，因为很有可能他们最初做出的决定在后期会被推翻。很多时候，个人也会出现这种状况，比如反复思考是继续读书还是进入工作岗位，要不要换个城市发展，要不要换个工作。人们在反复思考、一遍又一遍地改变想法的时候，只会越来越焦虑不安。

这些事是可以避免的，但我们总是很难发觉这种破坏行为。就像这本书里介绍的其他破坏行为，这种复议破坏让人难以察觉，要知道，《手册》的原作者是当时顶尖的间谍。难以察觉的原因在于，很多时候，翻旧账是件好事。

**· 重新开始还是继续下去?**

没错，重新思考决定是否正确甚至推翻重来不一定总是坏事。发生这样的事说明工作成员间的关系亲密，工作环境友好，大家不惧怕发表意见。它还说明大家会为了把工作成绩做到最好，为了整个组织或整个团队的荣誉而努力。这样做甚至可能会挽救一个品牌或者一项业务。

比如在 2009 年，百事可乐旗下的纯果乐品牌就经历了这样的事件。公司大约花费了 3 亿美元打造新的果汁包装（一张瓶装果汁的照片）。然而，没过多久，销量下滑，市场反应不佳。仅仅在新宣传亮相七周之后，百事集团就撤回了新的设计，换上了以前的包装（一个插着吸管的橙子的照片）。对于百事集团来说，推翻曾经的决定，承认投资都打了水漂不是件容易的事，但却是正确的做法。

重新讨论以前的决定还能减少伤害，甚至救人性命。比如，一个夏令营营地和其他几个营地几天后要联合举行“水上奥林匹克夏令营”，但它的跳水台却被闪电击中坏掉了。该夏令营的主管和其他营地的主管为筹办这个活动已经协商了好几个月。但当她看到跳水台坏了后，她向其他主管提出换个活动时间或者换个活动地点。她是破坏者吗？当然不是。

所以如何判断这种“重新讨论”是否正确呢？这需要弄清楚提出“推翻重来”的人是否有充足的理由，如果有，就要判断冒风险翻旧账是不是真的值得。诀窍在于，要会分辨重新提起以前的话题的原因。如果你了解了一个人提出重新考虑以前的决定到底是否正确时的动机是什么，你就能知道在何时适合大呼：“去他的鱼雷！全速前进！”☆何时又应该表示：“你说得确实有道理，我们重新想想吧。”

接下来，我们将介绍六种最常见的人们提出复议的原因：

☆
在1864年美国莫比尔湾海战中，海军上将戴维·法拉格特在指挥战舰时听到“布鲁克林号”战舰上有人为鱼雷惊慌失措时大喊出的战斗口号。这句话后来成为流行语，鼓舞人们不畏艰险，鼓起勇气，勇往直前。

1．“我说的你们没在意。”

人们复议可能仅仅是因为他们觉得一开始就应该按他们的想法去做。那什么时候这种想法会产生破坏呢？当提出推翻重来的人是出于对失败的恐惧时。这种人只要有机会，就会面露难色但坚决地再次重申自己在会议之初提出的想法。

最近，在一所私立基础教育学校的十二位董事间就发生了这种情况。在首场会议中，董事会投票决定投资 800 万美元建立分校区。十位董事会成员投票通过了这一提案，另两位投了反对票。又经过了两场会议，董事会就此提案以及新建的校区展开了长时间讨论。在表决之前，他们咨询过一位地产商人来确保造价符合市场行情。财务部门也分析过预算能确保学校有足够的资金来购买、更新及维护新建校区。学校的律师团体也审批了这项交易计划。每一位董事会成员都已视察过新校区，并有足够的机会来提出意见、解决问题。

这次会议本应用来讨论这一提案的情况以及期待进行的下一步行动——改造方案。但是会议开始 10 分钟后，当初投出两张反对票之一的简突然插话：“就像我上次说过的那样，我觉得这个决定对于整个学校来说是错误的。我们应该换一个发展方向。”当大家问她为什么这样觉得时，她几乎一字不落地重复了一遍她说过的论点。经过了一个小时与其他意见已统一了的校董事会成员们来来回回的争论后，结果仍然没变：继续执行原计划。

这时，如果简这样回答主席对细节的疑问："我刚刚得知，我们曾经考虑要买的校区开始招标了。"这可能是一个重新考虑曾经决定的借口。她也可能这样说："我知道那附近的另一块地盘将要招标，各方面条件都更加适合我们。"这也是一个好借口。但她给不出新的理由，只是单纯重复以前的观点。

那么，主席是如何阻止她，改变她的想法的呢？在她刚开始提出反对意见时，主席这样问："简，你有什么新的相关信息要和大家分享吗？还有我们还没有了解到的内容吗？"

这是当场阻止破坏者的最佳方法。直接发问："我们做决定之后事态又发生了什么改变？"如果没有任何变化，那就没有任何推翻重来的理由。

## 2."我有私心（但我不知道）。"

在一些发展迅速的企业和创业型公司，或者做不起"研究"的小型公司里，很多决定都是在没有获得全面信息的情况下做出的。有时候工作能够顺利开展，有时候就会遇到问题。所以如果有人闯进会议室，嚷着“全停下！全重来！”，我们立马就觉得应予以重视——这人可能有什么被我们忽略的信息，可以帮助我们做出“完美的”决定。

问题在于，很多时候，人有一些不为人所知的私心，可能他 / 她自己都没意识到。而他 / 她的想法也会因为这种私心而有失偏颇。

例如，各种组织都会寻找方法开发更多资源，来投资新的利润增长点。一种开发资源的方法就是，停下现在的工作，把资源分配给新的增长点。我们无数次见过擅于开发新项目的人才在做出停手的决定时表现得跟《化身博士》中的人格分裂的主人公一样，反复思考，改变决定。一次又一次地在敲定的前一秒叫停：“等等，还有这个和那个我们没有考虑呢！”

到底发生了什么？为什么这些本是大牛的人摇身一变，成了破坏分子？因为在每个项目和业务线中总有人坚信会成功，并为之投入了大量的情感。所以当被要求结束工作时，哪怕是明显失败的项目，他们也难以放下。在大家做出“结束”的决定后，私下里他们也会去收集符合他们想法的信息，忽略与自己想法相左的信息。

在做决定的过程中想要完全没有私心与偏见是不可能的，但是了解这些人可能带来的影响也十分重要。很多时候，当人带着偏好重新讨论曾经的决议时，他们会用情感共鸣来说服别人。要不然，他们就会提供一些看似新鲜的信息和观点，实则不过是些陈词滥调。

这里可以用上第四章“不相关事项破坏”中的内容来解决本章的问题。要肯定他们的看法是有价值的，但把他们的反对意见先放在“停车场”，以后再参考。也可以在会议即将结束时或结束以后，说：“我知道你说的问题。很明显，你对这件事十分上心。我们先暂时保留你的意见，最后再讨论，或者下次开会的时候专门讨论。”这样做会让他们感觉自己的意见是有意义的，只是在此刻对已经达成一致的整个团队无益。但一旦你把他们的意见放在了“停车场”，你得保证自己会对他们有后续的交代，并且要快，要彻底地了解他们的顾虑，再来判断推翻以前的定论是不是正确的做法。

### 3.“当初太草率了！”

当人因为当初过于草率而想要推翻决定时，很容易让别人以为他们是想防止团队出现“预备——射击——过后再瞄准”的情况。做得对吗？如果做决定的时候明显漏掉了某步，那推翻决定就没错。

问题在于，大多数时候我们很容易相信自己做的决定过于草率，尤其是在做重要的决定时，例如涉及的金额数目极大或者彻底改变工作方向的决定。我们可能没有信心，可能害怕自己要为做出的错误决定承担后果。

以约什的故事为例。他是一个有着40多个汽车品牌代理权的公司的首席信息官。他要签署一份合同，为公司的供应链安装一款软件。但这款软件的安装比较麻烦，会导致许多客户的订单延期完成。这样的决定动辄就牵扯到几百万美元的问题。约什和他的团队与每一个软件服务商开了许多次会议，彻底地考察了这些服务商并且最终选择了其中一个。他们为此付出了很多努力，约什对他们的决定也十分有信心。

然而，就在签署合同的前一天，他的一位顶头上司，莎拉，带来了一个新的消息：一个汽车代理商同行与另一个服务商签订了合同。这个同行是个强有力的竞争对手，公司很厉害，领导很聪明，莎拉突然开始怀疑起自己团队所做的决定。

约什很担心。如果莎拉持怀疑态度，他是不是也应该质疑一下自己的决定？由于害怕自己做了一个错误的决断，他召集了一次紧急会议。“我们是不是应该多做点功课？”他询问他的团队，“莎拉觉得我们做的决定过于草率。我也同意她的意见。对方公司是一个行事利落的公司，我也很奇怪他们为什么没有做出和我们相同的决定。还是再花点时间看一下其他的服务商吧。”

在推翻决定的两个月后，他们仍然没能和任何人签订合同。他们原定的服务商丧失了耐心和兴趣，开始抬价。公司供应链的问题依旧没能解决，汽车供应不上，他们的客户开始尝试另找代理。而且小道消息称，他们的竞争对手买的软件系统使用效果也并不好。现在约什签约的压力越来越大，和谁签都行。他知道这次他不会对新的软件再投入那么多精力和时间了——无论最后装了哪种软件。他的团队陷入了僵局。

莎拉是无心（没有自信）的破坏者，约什由于害怕她的意见是正确的，也放任自己成了她的帮凶。恐惧是强大的动力，自信心低下同样也是强大的动力。如果你认为以上某种情绪已经左右了大家，那么当有人搬出“决定太草率”的论调时，让他们拿事实来回答这样的问题：“如果我们真的有更多的时间来思考这一决定，还有什么是我们之前没想到的？”如果没有有价值的答案，你就有足够的理由继续执行原计划。在下一章里，我们将详细介绍如何应对喜欢推翻决定的破坏者，或者在他的意见有理有据，具有参考价值的时候，推迟他们的计划。

### 4. “拜托，你也没问我啊。”

有的人复议以前的决定是因为没有参与当初做决策的

过程。有可能他/她不同意这个决定，也有可能他/她其实同意，但当初没有询问意见让他/她不高兴了。为了阻挠这件事，他/她声称这个决定会有糟糕的后果。他/她是想通过这种方式来暗示，如果当初咨询了他/她的意见，就不会做这样的决定了。

如果提出异议的人不能阐明为什么他/她的意见和观点会带来完全不一样的结论，那么他/她一定是个破坏者。

很多时候，这种破坏者不难发现。他们觉得自己无所不知。我们在职业生涯里会遇到很多这种自以为是的“万事通”。他们自认为是专家，事事要先请示他们。他们喜欢自说自话，不让别人发表意见，总是一副“不听我的，就滚吧”的态度。

这些人有可能德高望重。可能是组织的元老，或者是要退休的老人家，试图将薪火传给下一个人然后告老还乡（但没做到）。也许之前是管事的，但现在成了配角。问题是，他们仍旧有权有势，他们表达意见时能吸引所有人注意。如果他们想要重新考虑某个话题，即便不属于其管辖范围，人们也会照办。

为了减轻发生这种情形的风险，我们建议你学习波斯君王居鲁士大帝的名言：“考虑要仔细，行动要统一。”换句话说就是，确保在做出决定前，获得了足够多的信息，咨询了足够多的人。收集信息是做出决定前必经的步骤，但管理者们在做决断之前常常遇到信息收集不足或咨询意见人不足的问题。做决断之前最好能广泛地听取大家的意见，包括那些可能提出反对意见的人和那些将执行这项决定的人。听听大家的声音能做出更好的决定。但一旦下了决心，就不应再更改了。

我们不是建议你去收集所有人的意见。我们也知道，信息量多也不能保证结果一定好。但是你咨询的人越多，他们对最终决定的接受度也就越高。即使决定与他们的意见相悖，他们也会觉得自己的意见是受到尊重的，是具有参考价值的。

### 5. “我之前没说，但我现在得告诉你。”

当所有人都同意一项提案，但会议室里落针可闻时，你要小心了。可以说，无论什么时候，当询问小组成员的意见时，一般会期待他们直接说出自己的想法。要真是这样，那就最好不过了。但现实往往与期待不同，尤其是在公共场合（例如大型的公司员工会议，协会成员会议，或是社区集会）以及做出决定要承担很大风险时。

我们常常遇到，一场会议中，当不同级别的职员要给出各自的意见时，级别低的员工不敢提出与级别高的员工相左的意见，尤其是与直属领导相左的意见。事实是，那些被怀疑的对象通常主导了谈话，还与人分享他们的观点，其余的人则保持沉默，哪怕他们有着不一样的意见。有时候，他们因为知道自己不会“赢”，所以保持沉默，直到会议结束后才开启一场“私下的”游说来获得别人的认同。他们不想在会议上惹上什么麻烦，但也找不到别的法子。在会议上，他们不觉得自己具有发言权。

这对一个需要达成共识的团队来说具有致命的影响。试想这样的场景，领导想要大范围地开展一场对员工的考评，也就是通过考核员工去年的绩效为员工打分排名的“绩效测评会”。就像贝恩资本的运营合伙人安妮·德拉波所说：“在会议上员工的未来可是命悬一线，所以谁都不发表意见。”

想象一下这样的场景：有些人不愿意在评估会议上分享对候选人的看法，某位候选人因为少数意见而得以晋升。几周后，提出了意见或者应该提出意见的那些人又表示当初自己保留了对该员工的意见。可能他们只是因为级别比较低，觉得当面反对一位级别更高的老员工不太好。现在虽然他们表达了自己的想法，但是在工作中早已发生了“多米诺骨牌”的效应。提拔的人选已经定下，新空缺的岗位也发布了招聘，公司也组织了面试和其他的评估会议。就像德拉波说的："即便回头路才是正确的，想要从头再来将无比艰难。"

防止因个人不直接、不主动地发表意见而破坏组织整体利益的有效方法是，建立一条基本准则："Qui tacet consentire videtur."翻译过来就是："沉默代表赞同。"这条规则可以很好地调动大家打开话匣——无论是有多不情愿（或者是多消极地服从），防止他们对当前的决定不表达意见，不做出贡献。

应该这样做：如果你希望为一件亟待决断的事情收集意见，那就提供一个平台或者机制让人们充分发表意见，讨论不同的观点。我们建议，根据组织和决定的类型，使用有针对性的会议、调查问卷、网上调研等方式来帮助收集大家的意见和看法（无论是不是匿名的）。在询问他们的反馈意见时，先让他们知道你的原则："沉默代表赞同。"如果你没听到（或者没看到）任何与预先提出的观点不合的意见，你就默认每个人都同意了。听取了少数人的观点以后，你继续后面的工作就会更有信心。

### 6."我知道我们达成了一致，但我现在有了新的想法。"

最后一个——也可能是最恶毒、破坏力最大的复议破坏，实际上发生在决策层已经做出决定，并开始执行方案以后。按诺埃尔·蒂奇和戴维·尤里奇的话来说，“首席执行官们（以及大部分管理层人员）常常轻视摩西在几千年前得到的教训，那就是，写下并颁布十条戒律容易，但执行起来却不简单。”

我们可以来看看一位金融服务公司经理的例子。他是决策小组的成员，正参与一个决策的制定，但他告诉我们说：“我知晓会议通过了什么，但我下来后又跟我的组员们讨论了一番，他们补充了一些好点子。所以，我们能与做好的决定步调一致，也能留出空间在操作的过程中做出调整。”

他和他的团队实际上是耍了小聪明，在实施过程中改变了曾经的决定。事实是，不会有人发现他们悄悄地更换了曾经的决定，直到后续有人接手时。与此同时，其他人不明就里地按照原计划埋头工作。这样的后果可能十分严重，而且没被人发觉的时间拖得越长，实际实施的内容就和原定计划的差别越大。

想要摆脱这种局面，首先要安排好如何为该决策沟通交流：要交流什么内容？以什么样的形式交流？由谁提出观点？向谁提出观点？防止对决定的内容和依据产生不必要的困惑或误解。其次，要明确谁为决策的执行负责。再次，计划好定期检查、跟踪并检测决策的实施，确保实施的方向与计划相同。

**·不要让复议成为习惯**

无论情形如何，当一个决策受到质疑时，都要衡量复议的成本和收益，以及保持原计划的成本和收益。在某些特定情况下，可能复议是有道理的，尤其是出现了新变量时。但现实却不尽然。如果推翻决定很容易，那么公司里员工们做决定就会十分犹豫。如果决策不被看作是最终结果，员工们在施行决策时就会产生疑虑，尤其是那些一开始就认为决策“失误”的人。如果你在深思熟虑后才得出结论，从合适的对象那儿收集了各方面的信息，妥善地沟通过你的决定，并且安排好后期实施中的跟踪检查，那么你就能够轻松自如地将那些基于个人目的想要通过复议决定来搞破坏的人挡在门外。

你无法预防人们试图通过复议来搞破坏。你能做的除了理解为什么破坏会发生并及时处理以外，还可以完善制定决策的过程。这样一来，你至少为一些潜在的复议破坏者关上了门，防止他们溜进来使坏。

# 7

# 过度谨慎破坏

★★★

“推行谨慎的行事作风”

在音乐剧《平步青云》中有这样一幕，一位新员工皮尔庞特·芬奇进入邮件收发室工作，并与特林布尔聊天。特林布尔是位老员工，他向芬奇展示了一枚公司颁发的奖章。他们的谈话是这样的：

特林布尔：上个月我在公司待满25年了，公司给了我这个奖章。

芬奇：啊，真厉害，25年呢。

特林布尔：25年。

芬奇：你在邮件收发室里工作多久了？

特林布尔：25年。想得到这个奖章可不容易，靠的是专业素养、人际关系和小心谨慎。

不是说一份负责邮件收发的稳定工作有什么不好，但估计那也不是你想要的工作。你是不是也和特林布尔先生一样过于“小心翼翼”，因为“理性谨慎”导致发展不佳呢？

如果你是这样的，那你就是一名破坏者。

正如此，谨慎很巧妙。很多时候，谨慎小心或者理性行事是安全、聪明的行为。避免莽撞行事，或者阻止他人草率做决定是有价值的。你肯定也听说过“欲速则不达”或者“不要本末倒置”等老话，都非常有道理。你写了一封态度恶劣的邮件，在气头上点击了“发送”，之后很有可能会后悔。在没有弄清楚项目规模时就和同事草率地开始新的项目，你肯定会头大。抛开小心谨慎，你很快就会陷入麻烦。

但过分的谨慎是不对的，它会让你落于人后。过分的小心犹豫也是不对的，哪怕你的本意是好的，你还是在耽误你自己，破坏你的团队。来看看这些人和公司在“小心行事”后发生了什么吧：

· 高中篮球队小心翼翼地避免犯规，于是他们就失去了大张旗鼓参与比赛的斗志，最终输了一场又一场。对犯规的小心谨慎让他们无法专注于自己的目标：自己得分，不让对手得分。他们也忘记了要享受比赛。

· 人力资源部的职员们发现公司内高级管理层的领导们喜欢跳出日常工作，讨论如何到其他城市扩展本公司业务，于是他们设计了一个进修项目，但他们很担心，这个应对策略会被人评论为“高层的奢侈项目”，于是最终，他们为所有人设计了一年两次的没有什么价值的进修项目。这些人力资源专家为花费时间和精力在无用的追求上找了许多“理由”。

·格拉汉姆·斯潘尼尔当了16年的宾夕法尼亚州州长。他在处理足球教练杰瑞·桑达斯基性侵孩童的控告时非常小心谨慎，有报道称，他害怕这场诉讼潜在的负面影响。在2011年桑达斯基被捕的四天前，他被革职了。一年后，他被控犯有八项罪行，包括做伪证、企图掩盖桑达斯基的罪行以及伤害儿童等。过于小心谨慎的作风让人在解决棘手的问题时倾向于采取“观望”的态度，但实际上却需要更果断的解决方法。

最终，过度的谨慎和理性成了组织的习惯。人们都会悄悄谈论“乌云背后的幸福线”，它引导人们戴着先看到灾难性后果的有色眼镜来看待每一个新点子，无论这些点子有多棒。即便拥有正当理由，快速做决定也变得更难了，它让所有人都慢了下来。它消灭了创意，让人们故步自封。破坏者做梦都想让小心谨慎的心态渗入到整个组织中，这也正是为什么战略情报局要把这种破坏技巧写进《手册》原著中。在今天的工作组织中，人们不自觉地造成过度谨慎破坏的后果，它依然是一场噩梦。

**· 发现过度谨慎破坏**

为了阻止并且预防过度谨慎对工作的危害，你首先要区分正面的谨慎和越过雷池成为破坏行为的谨慎。归结起来就在于学习如何区别“威胁”和“风险”。威胁是可能一直存在的，而如果“威胁”成为现实，它的风险又有多大呢？

以下是帮助你回答这一问题的两个基本方法。当遇到可能是伪装起来的破坏行为时，我们需要“问到实处”，并“列出优劣势”。

### 1．问到实处

破坏者在黑暗里潜行，而事实就是探照灯。所以如果有人说：“这听起来就像‘预备——射击——过后再瞄准’一样草率。我们得理智点，慢慢来。”那么问问他为什么这样想。

如果无法给出事实根据，他就是一名破坏者。很多时候，人们的小心谨慎只是带有情绪的反应，而不是经过分析的判断。试想，如果你要参加新罕布什尔州的一次露营活动，有人却说你有可能在睡觉的时候被熊吃了。该怎么办？问问你自己：什么是威胁？这里，熊就是威胁。那么这个威胁真实存在吗？确实是真实存在的。但它的风险大吗？你可以去查一查新罕布什尔州“钓鱼与狩猎”官网。

你会发现上一次新罕布什尔州黑熊袭击致死的事件发生在1748年！而黑熊是唯一一种栖息在新罕布什尔州的熊类，所以风险很小。这样的事实依据可以帮你判断工作中是否存在过度谨慎破坏行为。

这个技巧并不复杂，称得上简单易懂，但在我们的经验里，很少有人会实践它。

## 2. 列出优劣势

有时要求人们给出事实依据时，他们能说出一两条来。很少会出现你能立刻指出“我抓到你这个破坏者了吧”的情况（也很少出现让你说出“你说得很对，我们再考虑考虑吧”的情况）。也许一个斗熊英雄能给出“新罕布什尔州大约有5,000头熊！”这样的证据，他可能还会引用新罕布什尔州“钓鱼与狩猎”官网的内容，以证明自己发现了一个潜在威胁，但这些证据足够了吗？可能并不够。

如果你已得到了一些事实根据，但你还不确定它们是否站得住脚，那么列出一个优势和劣势的清单，你就可以在一张表上看清继续执行自己的计划的好处和坏处，也可以看清是不是有潜在的破坏者意图让你因小心谨慎而终止或者推迟计划。在有关熊的问题上，你会发现，仅仅知道新罕布什尔州熊的数量是不够的。这个数据很有力，但仅靠这一项数据不足以得出露营是否安全的结论。你还需要其他的信息，例如，熊的栖居地在哪里，有没有哪段时间出没频繁，熊是否喜欢攻击人类，等等。熊的数量有5,000头这一信息能说明熊和人类的关系吗？不能，它只是一个补充数据。

然后，重新读一遍“劣势”清单，花点时间看看它是不是真的可能成为现实。如果可以的话，写出有多大可能成为现实——有九成可能带来坏的结果？五成可能？还是只有一成可能？

把对比清单列出来后，号召你的团队去思考，谨慎持重会给决策的执行带来什么样的影响，放慢脚步是否能降低风险，还是仅仅是延期了。询问他们谨慎行事是否会错失机遇。

一张实实在在的优劣势清单能让你在鼓励团队自主思考时更有洞察力，让他们认清自己恐惧心理的根源。需要特别注意劣势清单，弄清楚到底为什么需要谨慎持重。这和第六章中收集信息的建议相似。第六章我们讲到，要求重新讨论决议是因为决议在制定之初就是“草率”的。这绝对不是偶然。“收集信息”的方法是一个输入客观条件的过程，能应对任何一种依赖于情绪而进行的破坏。

有时你会发现，弄清楚坏事发生的概率有多大不是件简单的事。有时候，弄清这个概率是不可能的。遇到这种情况可以尝试另一种方法：给不同程度的风险分类，如高风险、中风险和低风险；或者用不同的颜色标出来，如红色级别、黄色级别和绿色级别。

为了在风险评估中挖掘得更深，我们采访了这个领域中最前沿的专家布兰特·沃尔德。布兰特是保德信退休保险公司的首席精算师，他和他的公司为数以百万计的美国人的退休基金的风险进行评估和量化管理。他需要保证不会亏本，也负责投资，让钱变得更多。处理风险是他的老本行，他的公司上下都运行一套非常固定的机制来量化风险。他的意见如下：

“我建议无论评估什么风险，首先要确定成功的情形是什么样的。你得知道怎样才算是成功，这样你才能发现哪里有风险，并正确处理风险。你想让风险降到最低，但同时也得知道，降低风险不是成功的唯一要求。弄清楚成功的情形还能帮你给不同的风险分类，例如，分清是竞争风险还是资源风险。在通往成功的道路上，这个风险到底起着什么样的作用？这样做能让你正确看待问题。”

哪怕是风险专家也必须通过特定的方法来正确看待问题，这让人感觉心理平衡了不少。

**·把过度谨慎破坏变成优势**

有些时候，处理过度谨慎造成的破坏最好的方式是假装你没有发现它是一种破坏，并装成相信破坏者的样子。这种方法在你知道谁是潜在破坏者的时候效果最佳。你知道他出于焦虑和缺乏自信心，经常过分小心。你可以这样想：人在想要接住一个又大又重的球时，如果站着不动，挺直身板来接球，很有可能被球砸到，但如果朝球运动的方向稍做移动，退后一步，腿部弯曲，接球的时候肯定不会摔跤。这种不拘小节成大事的方法就是我们想要介绍的。你能接受别人要你小心谨慎的警告，但不要让他们控制你。

要做到这一点，我们需要借鉴即兴戏中的“没错，而且”经验。在蒂娜·菲的小说《嚣张女老板》中她是这样解释的：

“假设我们在表演一场即兴戏，我说‘不许动，我有枪’，你回答‘你拿的不是枪，你只是做了个持枪的手势，你只是用手指着我而已’，那我们的戏肯定演不下去了，但如果我说‘不许动，我有枪’，你回答‘那把枪还是我圣诞节送给你的呢！你这个混蛋！’，那我们就即兴编出了一个场景。这是因为我们都默认我的手指实际上是一把圣诞节送的手枪。”

☆ 《嚣张女老板》（*Bossypants*），2011 年，Reagan Arthur 出版社出版。

“没错，而且”意味着在达成共识的基础上加以创造。从本质上来说，这种方法可以让破坏者的条件反射“没错，但是”颠倒过来。这种方法可以让你规避潜在的破坏者，继续推进自己的原计划。有时，你也会发现这个方法对谁都有好处。它可以成为创造性思维的跳板。

比如说，你开了一家体育用品店，考虑进一批站立式的冲浪板，因为当地有两个面积非常大的湖和几个小湖泊，附近还开设了一些可供出租的夏日小屋。你的合作方让你三思而后行：尽管很明显这项运动有些前景，但他们还是认为计划过于冒险，因为这项运动并未在当地流行。合作方担心这项投资不会有回报。你详细地询问了合作方的意见，了解到有一位合伙人反对的具体原因是：当地有另一家水上用品店，也是你最强劲的竞争对手，早就囤积了一批冲浪板，销售状况令人失望。

尽管同行销售冲浪板的失败让你的合伙人感到担忧，但你却有不同的想法。“没错，我们的竞争对手是进了冲浪板而且卖不出去，我们应该从他的失败里总结经验教训。”你对破坏者的思虑的认同让你完全改变了他们的想法。同行的失败是你合伙人担心害怕的根源，但如果能从中总结出经验，将让你们避免重蹈覆辙。

在那天晚饭时，你决定进 15 个冲浪板并开展冲浪板出租业务。在季末，你会折价出售这些二手的冲浪板。在调研了冲浪板出租业务的可行性以及普及度以后，你通过广告宣传和接受预定的方式开始试水。在有了一定的预订量后，你才最终决定进货。

你考量了合伙人的意见，不仅阻止了小心谨慎对商业点子的破坏，更通过吸取竞争对手的失败教训减少了实行计划时会遇到的风险。

**·预防团队遭遇过度谨慎破坏**

罗伯特在一家化学公司管理一个实验小组。公司的领导希望药剂师们能更有创新意识。在管理实验小组之初，他还不知道这个公司的文化实际上已经被过度谨慎完全破坏了，直到项目开始半个小时后，他的一位药剂师说明了问题。“我想你还不清楚状况。”那位药剂师冷着脸说，“这不能怪我们，这家公司想要的创新意识只包括那些经得起时间考验的创新。”这时他才知道问题出在了哪里。

弄清楚公司的过度谨慎的作风后，罗伯特便知道，想要鼓励创新，他就必须得让药剂师们对自己将要创造出来的东西充满信心和期待，鼓励他们通力合作。他还必须通过协助重新整顿整个公司来避免过度谨慎。

就像罗伯特对他的药剂师们，以及对公司领导班子解释的一样，预防团队被过度谨慎破坏，至少要做到两点：

首先要做的是，了解人们（包括你自己）“默认”的倾向，并且要了解这种倾向对工作小组有过怎样的影响，以及会产生什么样的影响。

在《今日心理学》杂志上有一篇叫作《应对恐惧》的文章，作者是弗吉尼亚大学的心理学家莎莉·斯汀曼。她说：“很多焦虑的人习惯把模棱两可的信息解读为负面信息。”所以如果你的老板或你工作小组的领导喜欢从负面的、悲观的角度予以回应的话，他很有可能会抓住每个机会宣扬他的小心谨慎。你也可以借此预测他会有怎样的反应，准备好（巧妙地）问他为什么会有顾虑，并且使用“没错，而且”的技巧。如果你是负责人，最好的做法是保证团队里做出决策的人没有过度谨慎的倾向。

如果你是负责人，天生就喜欢操心，做事非常谨慎，那该怎么办？如果谨慎的人是你，而且你自己也意识到了这一点，可以通过分摊权力来保证自己没有拖团队的后腿。找到一个或者一小群更有行动力的、不会过于小心谨慎的人。如果你觉察到自己故步自封，或者满嘴“没错，但是”，不妨停下来询问他们的意见。将你的想法说给他们听，不是必须要找到解决方法，仅仅是确保你的想法在他们看来不是杞人忧天。

预防过度谨慎破坏的第二步在于学会客观地看待自己或他人的行为对团队造成的影响，并且改变这些会造成过度谨慎破坏的做法。例如，教小孩游泳时，如果孩子不慎落水，你的反应是尖叫着、挥舞着双臂跳入水中，拽着他的游泳衣或者救生衣把他拉出水面，裹在干毛巾里带回更衣室，还抱着他给予安慰，那么，孩子肯定会对游泳丧失信心。相反，如果你跳进水里，把他托起来，笑着说：“别这么着急嘛！我们一起游，我给你示范在水里游多好玩！”

这样，下水游泳就能给他留下更积极正面的印象。

在公司或团队的背景中，这样做就是在引导人们看到项目或者机遇积极的一面，而不只是潜在的问题。这意味着要注意自己的言辞和行为，并且让其他人改变他们负面的措辞。这意味着在预判未来时要学会强调正面的而不是负面的可能性，并形成习惯。强调“这样做”，而不是“不要这样做”；或者强调“今天天气怎么样”，而不是“今天会不会下雨”；把注意力放在你希望人们怎样做上（例如，“你传球很厉害，加油！”），不要过于关注他们可能犯下的错误，而要关注他们怎样做有益。同时，号召其他人也用这样的方式看待问题。正如一句俗语所言：“事情不会像它看上去的那么好，也不会像它看上去的那么糟。”

要预防过度谨慎破坏，你还可以制订后备计划。完成这样的计划可能会有些麻烦，但是有了这样的习惯，对未来的不安感会大大降低，也能减少过度谨慎带来的破坏。想制订这样的计划，需要花时间来讨论如果发生了最坏的结果，你和你的团队该如何应对。不要在这个计划上过于执着（要记得你想强调的是正面的结果），但如果花一些时间来澄清“如果结果真的不好，我们应该这样做……”，大家的心理准备会更充分。在制订计划的过程中，你甚至可以发现如何避免失败（例如在斗熊英雄的案例中，你可以制订出逃跑计划，研究一下如果在新英格兰地区的森林里遇到了熊，该如何应对。在研究的过程中，你也许会发现，最安全的做法是，把食物存放在一起，挂在离营区有些距离的树上）。

这样做会花费你珍贵的时间吗？没错，但只要这样做能给你带来心理安慰，那么这个时间就花得值得。就像买保险一样，制订后备计划可以让自己安心，但也会有相应的代价。

**· 最隐秘的破坏战术**

过度谨慎破坏可能是本书中最为隐秘的一种破坏，通过每个人的焦虑情绪产生影响，但它也可能是这本书里最为明显的一种破坏。战略情报局总结出的其他几种破坏会导致计划推迟，但避免冲动草率实际上是直截了当地推迟计划。既隐蔽又明显的特点让这种破坏方法更为复杂，需要从各个角度来应对，而且长期坚持对抗过度谨慎破坏也不是一件容易的事。就像布兰特·沃尔德建议我们的那样："要记住，听从谨慎的建议很简单，想有所成就可比过于谨慎难多了。"

不过幸运的是，在一个小组内，各方意见总是能相互制衡，最终会形成一个抵御过度谨慎破坏的机制。只要付出努力，你的团队甚至可以让创新的点子经得住时间的考验。

# 8

# 质疑职责范围破坏

★★★

“质疑每个决定的合理性”

决策是一个组织的生计。一个项目是成功还是失败，能否抓住机遇，是由组织是否能做出正确的决策直接决定的。尽管做出决策十分重要，人们却常常拖延和浪费时间，让公司无法发挥出全部的潜力。

在决策人心中播下怀疑的种子，没有什么比这种方式更能拖延决策的制定了：他们有权决定吗？他们越过了自己的职责界限吗？他们会遇到麻烦吗？

战略情报局熟知这种方法，他们还知道在敌人的组织机构中营造一种不易察觉的紧张气氛会对这些机构的有效决策能力造成极大影响。这就是为什么《手册》中最后介绍的破坏方法就是，鼓励盟军让敌人的决策者们质疑自己的职权范围，进而对自己的决策犹豫不决。他们想在最致命的环节打击敌人：制定决策的过程中。

无论潜伏在你团队中的破坏者有没有这样的意图——他们也许不想影响工作小组做出有效决策的能力，但他们也无法克制自己。当有人拖延决策的制定或在同事心中播撒怀疑的种子，让大家思考“制定这个决策是不是在我的职责范围内”或“我们是不是该和别人探讨一下，以免擅用了他人职权（尤其是老板的）”时，这种人会对公司构成巨大威胁，而你可能都没注意到这种威胁。

与书中描述的其他破坏行为一样，告诫同事要认真思考他们将要做的决定是否在其职权范围内，完全是正面行为。如果在决策制定过程中每个人角色分明，且有人明显越界的时候（无论是有意还是无意），直接说出来绝对是正确的。

但当怀疑一个工作小组是否有权做出决定是由于缺乏信心或是一系列模棱两可的原因时——既不知道决定的是什么，也不知道谁负责做出决定——这种怀疑就会越过雷池，造成破坏。在这种情况下，无心的破坏者就是在恶化团队工作流程中的弱点，而不是在帮助团队克服它。实施“质疑职责范围破坏”的人会让到底谁拥有最终决定权的争议持续不休，因为他们不清楚决策是如何制定的。

制止和防止质疑职责范围破坏的关键在于理解其根源。下面我们列出了这种狠毒的破坏方法的四个最常见的原因，并支招如何对付它们。

## 1. 缺乏信心

通常情况下，人们质疑某个工作小组越权纯粹是因为缺乏信心 —— 对自己缺乏信心，也可能是对工作小组缺乏信心。这些破坏者由于不确定自己是否有能力做出决定，便试图干扰决策制定的过程，并通过质疑小组的职责范围，对组织的生产力产生不利影响。

这类破坏者缺乏信心的原因各有不同，但通常分为三类：

**破坏者倾向于过度谨慎。**这个人对一项决定可能造成的各种“最坏的情况”杞人忧天，如果决定产生了负面后果，他可不想担责任。他不敢肯定在没有高级别领导予以认可的情况下，继续推进工作是不是明智之举。（在第七章中我们详细解释了恐惧为何常常成为这些过度谨慎破坏者的根本动机。）

**破坏者对自己的能力没什么自信，或是对整个团队缺乏信心。**这种人可能是胆小，怀疑自己的专业知识，可能不信任自己已掌握做出决定所需的专业技能；或者对自己的资质和能力有信心，但不认为团队成员都能达到标准，不相信他们能制定最终的决策。也许他们担心权力的归属出了问题，应该由更有话语权的人来决定。

**破坏者曾擅自做过决策，并因没将职责移交给上层而**

**受到指责。**他们不愿再犯同样的错误。“一朝被蛇咬，十年怕井绳”说的就是这种情况。这类无心的破坏者被洗脑了，换句话说，他们的破坏就是去质疑自己或团队是否有权独立做出决定。

当一个破坏者由于缺乏信心，无谓地质疑团队是否有权独立做出决定时，你最好把这种行为扼杀在萌芽状态。即使你不是该小组的负责人，你的一点点领导力也可以发挥很大的作用。如果有人在你的小组询问：“这个团队真的能做这项决定吗？”你可以直视着他说：“那当然，还用问吗？我们的职责就是这样做，我们正在履行自己的职责。让我们保持步步向前的状态。我们正努力达成我们一开始的目标，不要跑偏了。”

如果你是该小组的负责人，或者是下发决定权给该小组的公司经理，你可以通过解决破坏者缺乏信心的问题来预防此类破坏。

如果你发现你要面对的是一个过于谨慎的人，我们建议你回到第七章看看那些小贴士，学习如何回应常处于忧虑之中的人。如果你面对的是一个不相信自己有能力或专业知识去做出决定的人，你可能需要一对一地解决这一问题，提高其信心，增强其独立做出判断和决定的能力。

如果有人不信任小组其他成员的专业知识或资历，你就需要思考这担忧是否合情合理。如果这个人说得对，你可能得致力于让你的组员的技能达到相应水平；如果这些顾虑没有根据，你可能得花时间建立团队的信任感，尤其是组员对彼此的信任。

最后，如果破坏者曾经因为类似的问题遭到指责，这种失败让他/她束手束脚，造成无心的破坏，那么你需要明白这个人以前到底经历了什么，并且对他/她表示同情和理解，然后向他/她解释现在的情况和过去有所不同。

### 2. 需要做的决策缺乏明确定义

我们目睹过无数次这样的场景：人们为了做出决策而组织团队、集合资源，然而却不清楚决策的明确定义，也没有达成统一的意见。如果你和你的同事发现自己正坐在会议桌边，为小组要做的决定争论不休，那么要小心了：在这种情况下，很有可能会有质疑职责范围的破坏者提出问题，质疑这个小组是否有权做出决策——这个小组将很难回答这样的疑问，因为决策在形成之初并没有明确的定义，而在回答有关小组权限的问题之前必须要弄清楚决策到底是如何定义的。

举一个市场业绩下滑的高端游船制造商的例子。为了解决高昂的造船成本问题，公司直接召集了各个部门的高管组成工作小组，展开了冗长又争吵不断的会议。尤其是市场部的比尔和产品研发部的劳里，他们对哪个部门应该主导会议争执不休。两人都对他们的职权范围不甚清楚，担心做错了事，只好将责任推给他人。比尔反反复复就一句话："我认为这个责任不在我。你应该先弄清楚产品研发的预算，然后再通知我们该怎么做。你提出的每个意见都花费巨大。"劳里翻来覆去回答他的也是一句话："如果你不能说清楚产品该以什么样的标准去做，我们也拿不定主意。在我们公司里，应该由市场部负责这一块。你们有市场调研——至少你们应该去做市场调研。"

整个小组讨论没有任何成果，直到他们咨询了公司的总裁。总裁面对着会议室里一个个愤怒的员工，意识到，她得把要做的决策拆分成若干部分来明确目标。首先，她让这个小组的成员们开展一个头脑风暴活动，不必做出任何决策，只需要在头脑风暴中交换意见，提出自己认为最受顾客青睐的船只的特点，聊一聊最新的船只是什么规格，如何才能节省造船成本。在这个会议上，没有任何人需要做出决策。

然后，在咨询过她的财务总监、市场部经理和产品研发部经理后，总裁为每艘船的造价设定了一个范围。设定好目标造价后，她询问产品研发部，新船只在哪些方面可以节约成本。然后，她要求市场部的比尔和市场相关的员工用市场的眼光来判断，在产品研发部提出的方案中，有哪些船只的性能是顾客所需的，同时是满足竞争需要的。最终，由总裁自己来决定。

这个案例告诉我们：每个要制定的决策一定要有明确的定义。和那些你想要组织起来共同处理这项事务的员工一起评估正在商讨的决定。然后，你可以制定一个小组工作章程，即一份正式的对小组要处理的问题以及要做出的决定的明确描述。如果你这样做了，要确保你的经理或者召集小组的负责人同意这个章程。一旦章程敲定了，要时常提醒工作小组遵守它。如果你是工作小组的负责人，你也可以用这样的方式组织每一次小组会议。例如，在一个校理事会的月度会议中，可以先明确会议目标，列出会上亟须制定的决策或者各委员的分工。弄清楚谁的意见对决策的制定十分关键，每个决策的制定流程是什么样的。

如果你不是小组的负责人，但怀疑决策的定义暧昧不清，那么大胆地说出来。试着在组内找到将决策明晰化的办法，或者向最开始召集小组商讨决策的那位负责人寻求帮助。

相传爱因斯坦曾说过，如果他只有一个小时的时间来拯救地球，那么他会花 55 分钟来弄清楚问题是什么，剩下的 5 分钟用来找解决办法。所以花些时间确保你的团队理解了决策到底是什么，并给决策定一个合适的框架。

### 3. 不清楚谁负责

如果一个负责做出决策的小组内每个人的责任分工有不清楚的地方，例如谁应该提出意见，谁负责审议，谁是最后拿定主意的人，那么质疑职责范围的破坏者就能轻而易举地拖延制定决策的过程。

我们回想一下之前在造船公司，大家想方设法救公司于危难之间的那种紧张气氛。在那个工作小组中就是缺少一个领头人来决定什么是首要任务。劳里和比尔都对小组的工作方向不满，并拖延工作进度，直到小组成员找了公司总裁帮忙，总裁重新安排了制定决策的流程。如果没有总裁，他俩的争执可能永远不会停止。

在第三章里，我们探索了如何运用 RACI 决策制定模型来确定一个委员会或者一个团队里每个成员的角色。另一个实用的工具不仅能达成这个目标，还能帮你在计划之初确定谁需要参与进来，构建“决策制定权的框架”。这个框架可以帮助你按以下几种“决策制定权”分配团队成员：

**在制定决策前负责提供信息：**这项权利应该分配给那

些必须为项目提供重要信息的人。在决策制定过程中，这类信息包括数据、分析或者建议。（就像在造船公司中，产品研发部需要负责为市场部提供重要信息，例如船体规格的各种特征，这样市场部才知道，降低造价后造出来的船是什么样的。）

**在整合信息后负责做出决定：**这项权利应该只分配给一个人，以确保职责清晰。（对于造船公司来说，做出决定是比尔的责任，也就是市场部经理的责任。）

**负责批准或否决决定：**一般来说，这项权利应该属于那些有责任制定决策的管理层代表。（例如，造船公司的总裁。）

**在决策制定后需要被告知：**这项权利应该分配给那些需要知道最终决策是什么的人，因为这项决策会影响他们的工作，或者影响他们制定其他决策。（在造船公司，产品研发部的工作团队就需要知道最终到底选择了什么规格的船，这样他们才能依据这样的标准做出各式的模型。）

可以说，明确其中的两个角色对于预防质疑职责范围破坏尤其重要，那就是负责做出决定的人，以及负责批准或否决决定的人。

管理者的专业就是给有相应职责的人分配制定决策的权利或者执行决定的权利。换句话来说，他们专门委派决策权。当一项决策权委派下去以后，相应的责任也移交了，但是管理者还需要待在信息分享群里，保留介入的权利以及最后敲定，即同意或否决的权利。管理者很少放弃决策权，也就是说，他们很少将一项决策的所有权移交给制定决策的人，然后从决策的过程里消失。大多数决策权都是委派下去，而不是放弃。

问题在于，管理者有时候会说或者暗示将某项决策的所有权移交给了某个小组或某个人，表示出放弃了制定决策的责任的意思，但实际上只是想要那个小组或个人对决策给出成熟的建议，由管理者最终审批。换句话说，管理者把决策责任委派下去了。

举一个例子，路易斯是一家奢侈品零售公司线上销售部门的经理，他通知他的直接下属艾莉莎，公司需要一份中国市场的完整战略计划。“请组织一个工作小组来决定我们到底该怎么做。”路易斯是这样告诉艾莉莎的，但路易斯到底是让艾莉莎的小组给出对公司制定战略的建议呢，还是做出最终决策并执行它呢？没有人会提出这个疑问，或者尝试明确这个问题。

艾莉莎组建了工作小组，经过几周的数据收集和慎重考虑，小组即将形成最终的决策，但是小组成员戴安妮对小组做出的战略决策不是很满意，她给路易斯发送了一封邮件来表达对小组将做出的决策的不满，并给出了另一个建议。路易斯和戴安妮的意见相同，所以他要求艾莉莎和她的小组改变决定，并执行新的战略决策。

肯·布兰佳（Ken Blanchard）的书《一分钟经理人·领导力》中将路易斯这种人称作海鸥经理。他闯进决策的制定过程，制造噪音，在每个人身上甩了一泡屎，然后飞走了。而艾莉莎的组员们在经过数周的劳动后，会觉得自己被排挤，并且会困惑，为什么路易斯想要自己做出最终决定，当初却要把决策的所有权交给他们呢？现实就是，路易斯从来没有将决策所有权完全交给他们，他只是将责任委派下去，指望小组给出成熟的建议，让他能顺畅地执行。路易斯总是想保留最终决定权，只要他对决策满意（在这个案例中，是戴安妮的决策），他就会予以同意。

当管理者没有明确地交代其分配的决策权时，像戴安妮这样质疑职责范围的破坏者就能乘虚而入，质疑工作小组的职权范围（甚至像戴安妮一样直接背着艾莉莎打小报告）。

如果一位管理者要求你“做出决定”，你最好还是花一点时间来确认他/她到底想让你干什么。他/她是希望你提供建议，还是给了你做出决定的权利和敲定这项决定的权利？无论怎样，问清楚你的管理者到底会如何参与决策的过程，这样你才知道他/她将如何提供信息资源和指导。

无论你选择以怎样的框架来分配每个人在决策制定过

程中的角色，一定要时常提醒每个人他们自己的角色。我们有一个客户有这样一个习惯，他在制定决策的会议一开始，会询问每一个成员他们的角色是什么。这些角色分工越是明确，出现质疑职责范围的破坏者的可能性就越小，也越难质疑职责范围——如果他们真的问了，答案很明显。

4. 管理者草率地否定小组的决定

在理想的状态下，当管理者们将决策委派下去，并且为每个人确定了角色分工后，他们会留在决策的信息共享群里，但不会过多地干涉做出决策的过程。他们会在小组需要的时候给予建议，等待最终的结果并予以同意或否定。

但现实往往没这么美好。很多时候，管理者会在冲突出现的第一时间介入决策制定的过程。质疑职责范围的破坏者很快就会抓住这个管理漏洞。当这些破坏者对做决定的过程或者对小组即将做出的抉择感到失望时，就会背着大家质疑小组是否有权做出最终决定，就像戴安妮一样，直接把反对的意见传达给管理者。由于对破坏者的意见过于上心，管理者会介入决策的制定，对小组制定决策的过程造成干扰，并将小组引向错误的方向。

想要破坏一个决策，没有比绕过或者越过决策制定人更有效的方法——就像小孩子会在被妈妈拒绝以后找爸爸一样。如果管理者因某位心存不满的小组成员而介入决策，其介入必将影响现在的工作，也会影响负责做出决定的其他成员。

其他成员感到自己遭到排挤，产生挫败感。毕竟，如果老板最终会因一位员工的不同意见而介入决策制定过程并且否定整个小组的努力，那他们当初还有什么必要谨慎地权衡，做出自己的决定呢？下一次管理者再委派给他们制定决策的任务时，他们会在投入过多精力之前更加小心。

所以，如果你给某个小组委派了制定决策的任务，而一位心生不满的质疑职责范围的破坏者来找你，想要绕过其他组员直接找你投诉，询问你一堆问题时，你不要直接跳进火坑中，而是在听取其意见以后再决定要不要介入。

在决定是否要介入之前，要记住，不是所有的决策都同等重要。经验告诉我们，大多数企业组织的成功取决于公司全部决策中的 20%。你应该主要关注这 20% 的决策。将这些重要的决策分为两大类，这可以帮助你将更多精力集中在那些最重要的决策上。没有一定程度的偏重，你就可能将所有决策看得同等重要，导致那些重要的决策得到的关注度不足。

**第一类重要决策是那些最有价值的决策。**这一类决策常常包含战略决策和一次性的决策。比如说，一个校区负责人想要决定是否要购买一处新的房产建中学，一家咨询公司要决定是否开展一项新的业务。这种大型决策如果能得到正确的处理，将带来巨大的利润。

**第二类决策是那些包含许多常规工作的决策。**这种决策时常出现，需要人解决。如果能正确做出判断，将会对你的工作产生巨大帮助。例如，咨询公司常常要决定在承接客户业务时如何分配人手，杂志的主编要决定刊登哪些文章。这种决策在组织内每天都会遇到。一些日常的决策对你的成功至关重要。

通过区分哪些决策需要你直接投入关注和精力，你就能更好地评估在什么时候、以什么方式回应那些对你提出疑问和顾虑的人。

**· 迎面而上做出决定**

一个成功的组织做出决定和执行决定的速度要快于它的对手，但有时候，当组织内对做什么决定和谁负责做决定存疑时，质疑职责范围的破坏者就会乘虚而入，让负责制定决策的人怀疑自己。这带来的后果可能非常严重，因为它会降低制定决策的速度，机会也随之流失，相关的工作人员会心灰意冷，最终导致组织上下萎靡不振，就像战略情报局当初把这项破坏技巧写进《手册》时所构想的那样。

我们想说的是，不管组织的大小如何，每位领导——

无论是管理着一个大集团还是负责一个工作团队——只要能给决策以明确定义，确保负责制定决策的员工明确自己的分工并互相沟通，就能阻止质疑职责范围破坏的发生。只要做到这两点，任何潜在的想要质疑团队职责范围的破坏者都会悻悻而归，因为他 / 她会得到充满自信的答复：团队不仅有权做出决策，而且有了相应的职权和工作进度规划，团队绝不会放慢制定决策的速度，也不会换个方向重新计划。

# 9

# 现代新型破坏：抄送至所有人

★★★

“抄送至：所有人”

战略情报局的规定历久弥新，但是新的技术和组织形式让新型破坏随着时间的推移不断发展。如果战略情报局的破坏专家是在今天撰写那本《手册》，我们相信他们至少会加入一项有关邮件的破坏技巧。

研究机构 Radicati 集团的报告显示，在公司里每个人平均每天要收发的电子邮件有 121 封之多。当然，很多人，尤其是那些行政岗位上的人处理的邮件比这还要多。我们面对的邮件大潮永不停歇，远超忙碌的一天所能妥善处理的数量。有些邮件我们读都不读就删除了，或者出于好奇，只匆匆扫一眼标题或者开头几句。如果邮件里包含一大串往来邮件记录，可并不意味着某位收件人一定读完了邮件全文并理解其内容。

为什么电子邮件数量增长速度如此迅猛？这个相对来说比较新潮的发明创造为什么对我们的生活有如此巨大的影响？麦肯锡咨询公司的调查发现，在每周的工作日，管理层和专业人员平均有 28% 的时间都花在了读邮件和回复邮件上。

垃圾邮件（广告）暂且不谈，电子邮件数量猛增的原因十分简单：都是因为万恶的“抄送”功能。

在原版的《简单破坏战地手册》成书之时，抄送的缩写“cc”是复写纸（carbon copy）的意思。一个打字员可以将两张纸插在打字机中并在其间夹一张复写纸——就是两面都有墨的蜡纸。这样打出来的文件就有一份副本。一个有劲的打字员还可能会打出两份副本来，一份用于存档，一份则交给除了原件接收人以外的另一方。于是就形成了在纸张底部用“cc”来告知接收人这份文件还有谁会看到的传统。

在那个时候，还没有影印技术，用复写纸是为信件、备忘录或者报告制作副本的唯一方法，可以少费一些打字的时间。

当然，在今天，将文件的副本发送给很多人是件很简单的事，只需要在撰写邮件时将个人邮箱或邮件组的地址填上去，多少地址都可以。添加收件人只需点击鼠标，你也可以点击“回复所有”，轻轻松松地将信息一次性发送给所有人。很多时候，你也可以为了“通知他们”而把邮件抄送或者密送至公司或者团队里的所有人。但是，抄送邮件给他们可不意味着成功地“通知到了他们”。抄送列表里的人越多，这些收件人越倾向于不点开、不阅读、不处理或不理解邮件的内容。

给一大群人抄送邮件或者点击“回复全部”的按钮，实际上就给自己制造了一个借口。只要点击了“发送”键，就没人能来找麻烦，说“你从来没通知我”或者“你应该先问问我意见的”，又或者“你为什么不告诉我事态进展”。他收到了抄送邮件，所以他知道，或者说他应该知道。他已“被告知”，尽管实际上没有人对他说过一句话。

这种方式卸下了交流的责任和压力。这下没人能制止发件人了，每个被抄送的人都自动成为需要对收件箱里那一大排抄送地址下方的未读邮件中的决定、行动和信息负责的人。

这简直是破坏者的天堂，1944 年的破坏者们还没有这种能力，但如果那个时候有电子邮件这种功能，战略情报局的破坏战术一定会将它纳入其中。事实上，抄送至所有人的破坏是现代工作的主要问题。无论抄送了多少人，无论密送了多么关键的邮件内容，邮件发送者都无意中成了工作团队里的破坏者，造成了收件人邮箱的拥堵，降低了制定决策的速度。可能更危险的是，他们相信老板和同事已经获得了信息，如果对其有任何意见都会及时反馈。

然而，人们现在每天接收的邮件数量太多了，这种认知可不靠谱。

判断你的工作小组里是否存在抄送至所有人破坏比

较容易。留心观察自己的收件箱，有多少封邮件是专门发给你的？又有多少封邮件只是抄送来的？那些抄送的邮件是跟你密切相关的，还是会让你毫不犹豫地删除或扔进某个文件夹里弃之不顾的？抄送的地址栏上是不是填了太多人？地址栏上的这些人是不是都有明确的理由，必须要跟进每封邮件的话题？

更重要的是，问问自己，是不是经常有人因为你收到了抄送的邮件而以为你已了解某项工作的信息。你有没有觉得自己的同级同事和下属常说“但我上周跟你说过了”，而所谓的“说过了”只是抄送了你（还有其他人）一封邮件？

如果答案是肯定的，那你就要解决这个问题了。

**· 解决抄送至所有人破坏**

首先你要知道如何在破坏发生时及时阻止。在你意识到自己正在受到这种破坏攻击时，你可以按照自己一贯的做法（不少人这样做，结局都不太好），直接把发件人大骂一顿，并同样在抄送栏贴上团队或者小组里所有人的地址，并在收件人一栏只填一个名字。这样做不太礼貌，我们肯定，而且一定会加剧矛盾。

你要做的，应该是回复一封仔细考量过的，有效率、有意义的邮件。建议你按以下三步来操作：

### 1. 逃离抄送列表

如果你的收件箱里塞满了成百上千抄送给大批人马的未读邮件，花一点时间来评估这些邮件对你来说有多重要或者有多大帮助。是不是所有邮件都有与你的工作相关的关键信息？其中是否有上报的数据需要时不时查看，或者是在你方便的时候换种方法查看？又或者它们根本就没用？

比如说，你需要了解你一周工作安排中的具体内容，需要了解有哪些新鲜事、哪些事快到截止时间。但某些邮件内容你并不需要知道，只是知道也无妨，例如读书会的每月内容更新，你以为收到他们的邮件无伤大雅，但你从来没打开读过。还包括垃圾邮件，那些你根本不关心内容的邮件。

你的邮件系统可能已经为你屏蔽了部分垃圾邮件，但是你可以把这个系统调整得更加符合你的需求。如果你常收到并不是很重要的定时发送的邮件，你可以要求发件人把你从发送列表里剔除。如果邮件的内容有些用处，但邮件的形式对你来说不是那么有效，那么你可以……

## 2. 要求发私人邮件

告诉别人（但千万不要这样对你的上司），将你加入某个邮件抄送群组和通过私人邮件的方式通知你往往不是一码事。如果有人希望你“获知”某一信息，他/她应该通过直接的一对一的方式联系你——会面、电话、短信或者私人邮件。所以你得让发件人知道，把你加在抄送人名单里不能完全替代那些通知方式。有些时候，一封私人邮件都不够，除非在邮件中特别标明需要你获知。

例如，告知发件人，如果他们没有在 48 小时之内收到你的回复，则需要再次发送邮件提醒你（如果有截止日期，则等待的时间更短）。要记住：你要是发送了任何回复，哪怕是一个简单的“已收到”，都意味着你已经读过邮件内容，或者计划要读。

## 3. 写明标题栏

在你发邮件并需要大家回复的时候，你要让收件人在阅读主题时就知道：请回复。如果时间要求还很紧，那么写“准时回复”或者在“请回复”后加上日期。多次在发送邮件时这样要求你的收件人，他们也能学会告知你哪些信息需要你及时回复。

说到撰写标题栏，要求人们在话题改变后更新标题栏内容也是一个好方法，你也应该这样要求自己。很有可能来来回回十五封邮件交流的都是同一主题，例如“回复：假期派对”，但是十五封回复后，邮件开始交流新的话题，此时应该将标题栏改为“重要预算问题【请回复】”。无心的破坏者喜欢将邮件的回复当作和某人的私人聊天，喜欢不声明“我想要换个话题”就直接从当前话题跳到另一个话题，但邮件交流需要的就是那种直白明显的信号。如果你要换话题了，那么撰写一个新的标题，开始新一轮的邮件往来。哪怕是接着当前的邮件往来记录回复下去，也得把标题改一改。

**·结束抄送至所有人破坏**

幸运的是，抄送至所有人破坏可以通过以下方法解决：

1. 定期正式更新

鲍勃的工作职责之一就是负责跟进二三十个项目。如果项目的每封邮件他都被抄送了，哪怕只是一部分在项目经理、项目团队以及客户高层之间来往的邮件，他每天都会被大量的入站邮件淹没。但幸运的是，他的公司开发了一个名为“快报”的每周跟进系统。项目经理通过一页内容告知每个相关方上一周发生的重大事件以及本周计划，包括所有重大的问题、将要进行的会议和电话内容。这样一来，鲍勃（还有其他人）就不用从数千封邮件中挖掘信息，可以快速高效地跟进所有项目，再去挖掘他们所需要的细节信息。

尽管结构性的信息更新很可能会有长长的收件人名单，这是我们希望能避免的，但是区别在于，这种邮件更新本身是收件人需要且期待的。它可以取代一千封无关的邮件，而且收件人不是在抄送人名单上——而是在收件人名单中。

结构性的信息更新也可以是每周一次的电话或视频会议——只要适合你的工作团队和工作性质。

## 2. 满足信息需求

导致邮件泛滥的一大原因就是没能为特定的信息需求者编写他们所需要的信息。给所有人发送所有信息很简单，但要把精心编写过的不同信息发送给需要信息的人和负责决策、执行的人是要费一番工夫的。你最好不要把发送给执行这项工作的人的邮件抄送给那些只需要了解相关信息的人。需要知道有关具体执行信息的，只有那些与执行工作相关的人，你最好不要把这类信息发送给所有人。不要想当然地以为人们会自动从大量邮件中筛选出他们需要了解的信息。

同样，也要坚持以那些需要跟进信息的人觉得便捷的方式处理和展现信息，而不是指望他们能从一大堆没有经过整合的数据中挑选出他们所需的信息。就像我们在第二章里讨论过的一样，数据和有用的信息之间不能画上等号，收件箱里有大量信息也不等于收件人真正知道这些信息。发件人有义务完成复杂的工作，以保证收件人真的阅读并了解他们需要的信息。

### 3. 拒绝用邮件聊天

我们常常见到，一家人在餐馆吃饭，每个人都盯着自己手里的个人电子设备。智能手机和平板电脑似乎改变了我们与他人说话的习惯，即最原始的交流方式。

新的方式可能更为便捷（而且不幸的是，世界也会朝这个方向继续发展），但是我们不知道通过这种方式交换的信息是否重要或紧急。如果你们交流的信息非常重要，或就某一问题有多次来往交流，这时可以扔掉电子设备了。询问对方能否通过对话的方式继续交流，尽管可能要花更多的时间准备，但一个简单的会面或电话可以让双方理解得更清楚。就像一句古话说的：致知在躬行。在这个案例里，致知在面谈。

我们相信你一定能解决你的工作团队或者公司里的抄送至所有人破坏。事实上，我们还坚信你可以解决并预防这本书里介绍的所有无心破坏。但是你要记住：只要人们一起工作，只要有新的组织形式，只要科学技术继续发展，突发的、不易察觉的破坏就会不断上演，千万要警觉啊！

# 致谢

特别感谢雷吉娜·马露佳（Regina Maruca）为我们提供灵感并承担编辑工作，是她让这本书从零星的想法成长为完整的手稿。感谢凯瑟琳·福林（Katherine Flynn），她是我们在 Kneerim & Williams 代理公司的超级经纪人。感谢眼光独到、多才多艺的基诺维瓦·罗莎（Genoveva Llosa），她是 HarperOne 品牌的主编。同样要感谢她的同事们，包括汉娜·李维拉（Hannah Rivera）、吉姆·戴曼（Kim Dayman）、梅琳达·穆林（Melinda Mullin）和丽莎·祖妮佳（Lisa Zuniga）。每个人都很有眼光，看出了这本书能成为什么样，如何以出版的形式传达其内容。还要感谢 Strategic Offsites 咨询公司的露西亚·甘步思（Lucia Gumbs），帮助我们向着目标一步步完成工作。同样感谢 Strategic Offsites 咨询公司的其他工作人员：鲍比·阿莎迪哈德（Bobby Asadishad）、迈克尔·卡兹曼（Michael Katzman）、安德鲁·麦克怀斯（Andrew McIlwraith）、丹·普来切（Dan Prager）和莎拉·维斯琪特尔（Sarah Weiskittel），每个人的工作都至关重要。我们对他们表示最真挚的谢意，并感谢在写作过程中所有接受采访、授权引用，以及贡献脑力的人。